KB067108

명상하는 글쓰기

명상하는
글쓰기

글쓰기는 치유의 힘을 가지고 있다

탁정언 지음

메이트북스

메이트북스 우리는 책이 독자를 위한 것임을 잊지 않는다.
우리는 독자의 꿈을 사랑하고,
그 꿈이 실현될 수 있는 도구를 세상에 내놓는다.

명상하는 글쓰기

초판 1쇄 발행 2021년 10월 20일 **｜ 지은이** 탁정언
펴낸곳 ㈜원앤원콘텐츠그룹 **｜ 펴낸이** 강현규 · 정영훈
책임편집 유지윤 **｜ 편집** 안정연 · 오희라 **｜ 디자인** 최정아
마케팅 김형진 · 이강희 · 차승환 **｜ 경영지원** 최향숙 **｜ 홍보** 이선미 · 정채훈
등록번호 제301-2006-001호 **｜ 등록일자** 2013년 5월 24일
주소 04607 서울시 중구 다산로 139 랜더스빌딩 5층 **｜ 전화** (02)2234-7117
팩스 (02)2234-1086 **｜ 홈페이지** blog.naver.com/1n1media **｜ 이메일** khg0109@hanmail.net
값 16,000원 **｜ ISBN** 979-11-6002-354-1 03190

우리는 깨어나야 한다!
순간순간 깨어날 수 있게 해야 한다.
이것이 우리를 구원하는 수행이다.
이것이 혁명이다.

• 틱낫한(명상가) •

몰랐던 것을 알게 되면서

글을 쓰고 책을 내는 일에 회의가 들기 시작한 것은 명상이 깊어지면서였다. 명상이 깊어지고 앎이 점점 커지면서, 내 안에서 에고가 '내' 행세를 하고 있다는 것을 알게 되었다. 그때의 곤혹스러움이란. 에고는 마음이 만들어낸 허상이지만, 때에 따라서는 마음과 충돌하고 마음에 흔적을 남겨놓는다는 것도 알게 되었다. 에고가 이끄는 대로, 마음이 휘두르는 대로 아슬아슬 위태롭게 살아온 자신을 들여다보는 수행은 결코 쉬운 일이 아니었다.

어떻게 그렇게 오랜 기간 동안 에고를 자신이라고 믿고 살아올 수 있었을까? 자신의 과거를 모두 부정하고, 가족과 일을 떠나 수행의 길로 걸어 들어갔던, 주변의 이상했던 사람들이 이해되기 시작했다. 책을 집필하는 일에도 깊은 회의가 왔다. 도대체 왜 책을 내려는 걸까? 누구를 위해서? 그 대답은 늘 '나'였고, 그것이 명성을 쫓는 에고를 위한 봉사라는 사실을 알고 난 다음부터는 그것을 놓아버렸었다.

명상으로 이끈 것은 삶의 위기상황이었다. 스스로 힘으로는 어찌할 수 없는 위기상황에서 명상을 붙들었다. 명상에 대해서는 이미 알고 있었다. 실행하지 않았을 뿐.

공부를 하지 않으면 전문가 행세를 할 수 없는 분야에 종사하다 보니, 책이나 온갖 인문·사회과학분야의 데이터를 끼고 일을 해야 하는 경우가 많았는데, 기획에 필요한 소비자 심리 분석을 위해 읽었던 데이터 중에서 엘렌 랭어Ellen Langer 박사의 『마음챙김Mindfulness』이 있었다. '마음챙김'을 읽은 이후, 내게 그 전과는 다른 세상이 열리기 시작했다. 명상에 대한 책과 다큐멘터리를 찾아 앎을 쌓았다.

명상을 시작하고 앎이 깊어지면서, 외부세계가 이 세상의 전부인 줄 알았는데, '나'를 경계로 바깥의 외부세계와 내면의 내부세계, 두 개의 세계가 있다는 것을 알게 되었다. 그리고 내부세계가 외부세계보다 더 거대하다는 것도 알게 되었다. 이미 직업으로 하고 있던, 글을 쓰는 일은 내부세계의 일이었다. 명상 역시 내부세계의 일이었으니, 명상을 지속하면서 글을 쓰는 일이 곧 명상이라는 것을 알게 되었다.

그렇게 명상 수행을 한 지 꽤 많은 세월이 지났을 때다. 모바일 메신저가 대유행을 하면서 쫓아갈 수밖에 없었다. 모바일 메신저에 가입을 하고 설정을 하는 과정에서 프로필 닉네임을 입력해야 했는데, 제일 먼저 떠오른 '깨달음 마음챙김'으로 적어놓았다. 톡톡 튀어야 사는 직업에 맞게 튀는 것으로 했어야 했는데, 그런 것에 누가 신경을 쓸까 무심했고, 곧 그런 것을 써놓았는지도 까맣게 잊고 있었다.

그런데 아주 우연한 날, 그날은 생일날이었다. 좋은 느낌으로 기억에 남아 있던 한 기업의 대표로부터 전화가 걸려왔다. 반가운 인사를 나누는 와중에 대표는 '깨달음 마음챙김'이라는 모바일 메신저 네임을 거론했고, 그 바람에 우리는 명상에 대해 잠시 이야기를 나누었다. 알고 보니 그분은 앞선 내부세계 탐구자였으며, AA(익명의 알코올 중독 치유모임) 12단계 치유 전문가이기도 했다. 그때의 통화가 지금 이 책을 집필하고 출간하도록 만들었다.

명상을 시작하고 내면세계로 탐구의 길을 걸어온 지 19년이라는 세월이 흘렀다. 그 과정에서 앎이 점점 커져갔고 내부세계의 의식에 계속 변형이 왔다. 그리고 한때 삶의 전부였던 관계들로부터 멀어졌다. 그 과정에서 진통도 적지 않았다. 그 어려운 와중에 모든 변화를 받아들여주면서 변함없이 옆을 지켜주는 아내와 아들에게 감사한다. 메이트북스 정영훈 대표님과 유지윤 과장님께 감사드린다. 인연으로 만날 독자들에게도 미리 감사드린다.

비 내리는 바다를 보면서 글쓴이

차례

PART 1 글로 '나'를 밝히는 시간

PART 2 생각보다 엉성한 '나'

PART 3 앎에 대하여

PART 4 알아차림 글쓰기

PART 5 치유 혹은 변화

글을 쓰는 시간이 곧 명상하는 시간이라는 명상선생의 가르침 때문이었을까? 글
쓰기가 싫어서 집요하게 미루고 미루던 '나'는 어느샌가 사라졌다. 그런 '나'는 어디
에도 없었다. 글에 빠져 있다 보니 글이 저절로 되는 듯했다. 앞의 글이 다음 글로
꼬리를 물면서 이어졌다. 그러고 보니 글을 쓰는 일은 즐거운 일이었다. '내'가 아닌
어떤 '힘'에 의해 저절로 써지고 있다는 느낌이 들었다. 그날따라 '나'로부터 한발 떨
어져서 '나'를 내려다볼 수 있었다. 명상선생의 말대로 '깨어 있는 상태'에서 글을 썼
던 것이다.

PART 1

글로 '나'를
밝히는 시간

'내'가 저절로 사라지는 시간

고통과 한탄이 '나'와 함께 사라졌고 그 빈 공간에는 고요함과 평화,
행복감으로 채워졌다. 글을 쓰는 시간만큼은 모든 고통이 사라졌다.

──────────── 하루하루 삶은 고달팠지만 그는 매일 글을
썼다. 그날그날의 느낌과 감회를 쓰는 일기 비슷한 글이었다.

심한 노동으로 온몸이 쑤시고 눈을 뜰 수 없을 정도로 피곤했
지만 왜인지 잠은 오지 않았다. 잠자는 시간 동안의 자유가 주어
지자 머릿속에서 온갖 감정이 부추긴 숱한 생각들이 발광하기 시
작했다. 자신의 신분에 대한 원망과 운명에 대한 분노 때문에 잠
을 이룰 수가 없었다. 잠을 못 이루느니 차라리 글을 쓰는 편이 편
했다.

노예 주제에 글을 쓸 펜과 종이가 어디에 있었을까? 고작, 통

나무로 네모나게 만든 상자에 모래를 채운 글판을 펼쳐놓고, 달빛에 기대어 글을 쓰고 지우고 다시 쓰는 형편이었다. 글은 대부분 그날의 힘들었던 일과 고통스런 기억, 그리고 자신의 운명에 대한 한탄으로 시작했다.

나는 왜 노예로 태어난 것일까?
나의 이 고통스런 삶은 언제 끝이 날까?
나의 운명은 어떻게 될까?

서두는 언제나 '나'에 대한 글이었다. '나'는 세상에 단 하나밖에 없는 가장 소중한 존재인데, 그 '내'가 노예라는 신분으로 자유를 빼앗긴 채 중노동에 시달리면서 고통 속에서 살아가고 있으니, '내'가 얼마나 힘이 들었을까?

그러나 이상한 일이었다. 글쓰기에 빠져들다 보면 힘들고 고통스런 '나'는 어느새 사라지는 것이었다. 일기와 같던 그날그날의 느낌과 감회는, 삶의 고달픔을 한탄하던 글은, 한 줄 한 줄 예상하지 못한 방향으로 샛길을 만들기 시작했고, 어느새 스스로도 예측할 수 없는 흥미진진한 이야기의 대로로 달려가고 있었다.

주인은 자신의 친구가 사기꾼이란 걸 왜 알아채지 못하는 걸까?
여우나 원숭이도 사람처럼 자신을 속일 수 있을까?

사람들은 강제로 타인을 변화시킬 수 없다는 것을 왜 모르는 걸까?

이런 의문에 대한 답을 찾아 이야기는 꼬리에 꼬리를 물고 이어졌다. 그리고 인간과 삶에 대한 통찰을 담은 거대한 글의 강물이 되어 흘러갔다. 고통과 한탄이 '나'와 함께 사라졌고 그 빈 공간에는 고요함과 평화, 행복감으로 채워졌다.

더구나 글을 쓰고 있는 자가 '나' 자신인지, 아니면 다른 무엇인지 알 수 없었다. 글을 쓰는 시간만큼은 속박당한 신분도, 삶의 고달픔도, 노동의 고통도 모두 사라졌다. 글쓰기에 파묻혀 자유로운 영혼이 되어 시간과 공간을 넘나들다 깊은 잠에 빠져들었다. 내일 또 다시 고달픈 노예의 시간이 기다릴지라도.

잠자기 전에 썼던 글은 다음날 이야기가 되어 입으로 술술 풀어져 나왔다. 그래서 동료 노예들에게는 고달픈 노동 사이에 유익한 휴식의 시간이 되어주었다.

그는 힘들고 고달픈 삶에 빛이 되었다. 인류의 역사에서 그는 단 한 사람만으로 존재했던 것이 아니었다. 그는, 아니 그들은 노예였음에도 불구하고 불멸의 작가가 되었으며, 위대한 철학자가 되었고, 뛰어난 과학자가 되었고, 지혜로운 왕이 되었으며, 존경받는 종교인이 되었고, 깨달은 선각자가 되었다. 그들은 우리들 인간의 역사에서 힘들고 고달픈 삶을 사는 수많은 사람들에게 빛이 되어왔다.

그런데 여기서 우리가 놓치지 말고 알아차려야 할 중요한 사실이 한 가지 있다. 그것은, 우리가 글을 쓰면, 어느 순간, 글에 몰입한 이후부터, '나'가 사라진다는 놀라운 현상이다. 인류에게 빛이 되어주는 인물들의 보석처럼 빛나는 글들은 거의 틀림없이 '나'가 사라진 몰입 이후에 나왔다고 하니, 좋은 글을 쓰기 위해서는 어쩌면 역설적이게도 '나'는 사라져야 할 거추장스러운 형식인지도 모르겠다.

글쓰기에 몰입할 때 '나'는 왜 사라지는 것일까?
글쓰기 전의 '나'는 누구이고, 글쓰기에 몰입한 이후의 '나'는 누구인가?
그렇다면 진짜 글을 쓰는 자는 또 누구란 말인가?

이러한 의문에 대한 답을 찾기 위해서는 무엇보다 먼저 '나'가 무엇인지 알아볼 필요가 있을 것이다. 만일 '나'가 없었다면 노예라는 신분과 중노동의 고통도 없지 않았을까? 도대체 '나'가 무엇인지 알아차리고 깨닫는 앎이 곧 글이 되고, 또한 글이 곧 앎이 될 것이다.

우리는 노예가 아니지만

분명 크게 성공한 사람들이었는데, 터놓고 마주하면, 그들도 사는 게 힘들다고
입을 모았다. 둘러보면 이 세상엔 힘들지 않은 사람이 없는 듯했다.

──────────── 노예라는 신분은 사라진 지 아주 오래되었
지만, 우리는 노예라는 말을 자주 사용한다. 일에 얽매인 자신의
처지를 이야기할 때는 스스로 '노예'라고 아무렇지도 않게 말한
다. 문자나 메신저 같은 현대문명의 이기는 오히려 '노예'의 신분
을 더욱 강화하고 있다고 푸념한다.

성인들만 그럴까? 청소년들은 물론 어린 초등학생들마저 일찌
감치 공부경쟁에 내몰려 공부의 '노예'가 되었다고 한탄한다.

시간의 노예가 된 지는 아주 오래된 듯하다. 시간의 진정한 의
미를 알 시간도 없이, 시간을 알려주는 시계라는 덫에 사로잡혀

바쁘게 허둥지둥 뛰어다닌다. 그런데도 시간은 언제나 부족하다. 잠자는 시간마저도 줄여야 한다. 특히 우리가 살아가는 이 시대의 삶은 과거에 비해 훨씬 더 시간부족에 시달리고 있다.

그래서 삶은 더욱 힘들고 고달프다. 특히 현대화된 도시에서 생활하는 현대인들은 그 정도가 심하다. 그럴 때마다 우리는 혼잣말로 이렇게 질문을 하곤 한다.

언제까지 이렇게 시간에 쫓기며 힘겹게 살아야 하나?
삶이란 원래 이렇게 힘들게 되어 있는 것인가?
일의 노예가 아니라 주인이 되어 살고 싶다.

우리가 스스로를 노예라고 여기는 큰 이유 중 하나는 돈 때문인 듯하다. 많은 사람들이 돈의 노예라고 말하는 것을 어렵지 않게 들을 수 있다. 회사를 다니는 이유도, 힘든 일을 해야 하는 이유도, 스트레스를 무릅써야 하는 이유도, 맞지 않은 인간들과 갈등을 겪는 이유도 돈 때문인 듯하다.

돈만 있으면 모두 벗어날 수 있을 것 같다. 돈만 많다면 자유롭게 마음껏 원하는 삶을 살 수 있을 것 같다. 성공해서 돈을 많이 벌고, 돈을 산처럼 쌓아놓기만 한다면 힘들고 어려울 이유가 없을 듯싶다.

그런데 '나'의 주변에서 성공했다고 말하는 사람들도 힘들고 어렵기는 마찬가지였다. 높은 지위, 유명세, 근사한 집, 비싼 대형 차 등등 좋은 '돈의 조건'들을 고루 갖춘 사람들의 입에서도 힘들다는 말이 흘러나왔다. 분명 크게 성공한 사람들이었는데, 터놓고 마주하면 사는 게 힘들다고 입을 모았다. 그들 중에는 사는 게 너무나 힘들다고 눈물을 흘리는 사람도 있었다.

둘러보면 이 세상엔 힘들지 않은 사람이 없는 듯했다. 적어도 '내' 주변에서는 그랬다. 그런데…, 충격적이게도 힘들다는 말은 단순히 말로만 하는 단순한 수사修辭가 아니었다. 비슷한 시기에 비극적 사건들이 연달아 이어졌다.

강력한 깡과 리더십으로 팀을 이끌며 승승장구하던 선배가 목을 매고 목숨을 끊었다. 서울에서 가장 부유한 동네에서 마당이 있는 집에 살던 친구는 빌딩 옥상에서 뛰어내렸다. 잘나가던 후배는 정보화 시대 광고·마케팅의 비전에 대해 이야기를 나눈 뒤 얼마 안 있어 스스로를 없애버렸다. 만인의 연인으로 사랑받던 여배우가 자살을 했다. 보조출연자 자리가 비는 바람에 임시방편으로 CF에 출연한 것이 계기가 되어 스타덤에 오른 대배우였는데…. 가까운 곳에서 연쇄적으로 일어난 충격적인 사건 앞에서 '나'는 입을 다물 수가 없었다.

그런데 '나' 자신의 안에도 우울하고 불안한 '내'가 보이기 시작했다. '나'의 내면에도 알 수 없는 자살충동이 있다는 것도 그때 알았다. 평생 우울하고 불안하게 살다 간 도스토예프스키나 카프카 같은 작가들의 글과 작품을 추종했던 이유도 어쩌면 내면의 우울과 불안이 공명했기 때문이 아닌가 생각되었다.

그래서 더 불안했다. 마음이 힘들어할 때마다 병원보다 '명상'이라는 단어가 떠올랐다. 아마도 신문이나 방송, 인터넷에서 명상의 효과에 대해 자주 다루었기 때문이었을 것이다. '나'는 명상이 '나'를 구원해줄 거라는 기대로 명상원을 찾았다. 그런 기대는 결국 착각이었지만.

'나'로부터 한발 떨어져 나와 그때의 '나' 자신과 주변의 일들을 바라보면, 당시 경험에는 몇 가지 의미심장한 질문이 숨겨져 있었다. 첫 번째는 '나는 누구인가?' 하는 질문이었다. 안타깝게도 그 근원적인 질문에 정확한 정답을 제시할 사람은 '내' 근처에는 한 사람도 없었다. 무엇이든 다 설명하려고 달려드는 과학도 그 질문 앞에서는 소용이 없다. 그런데 그 근원적 질문을 따라 수많은 질문들이 이어졌다. '삶은 왜 이렇게 힘들고 어려운 것일까?' '나는 꼭 이렇게 힘들게 살아야 하는가?' 같은 질문들이었다.

그렇다면 '나'는 누구인가?

'나는 하나가 아니다.' '나는 아무것도 모른다.' '나는 내가 누구인지 모른다.'
'나'는 '내'가 누구인지도 모르고, 아예 무시하고 살고 있는 것이다.

바로 앞에서 언급했던 '나는 누구인가?' 하는 질문에 한걸음 더 다가가보자. 우리는 일이 잘 풀리고, 즐겁고 기쁠 때는 이런 질문을 하지 않는다. 하지만 삶이 힘들고 어려울 때는 깊게 한숨을 내쉬며 '나의 삶은 왜 이런가?' 하고 질문을 한다. 만일 생각이 길어지면, '나는 누구인가?' 하고 스스로에게 물어보기도 한다.

삶이란 도대체 무엇이기에 이렇게 힘이 들고, 나는 누구이기에 이렇게 힘들게 살아가는 것인가, 나는 왜 태어났나, 어디에서 왔다 어디로 가는가…?, 생각은 점점 확장된다.

하지만 그런 생각도 잠깐이다. 곧 머릿속은 회사의 급한 일, 아파트 융자금, 자동차 할부금, 자녀의 성적, 당장 처리해야 할 일들에 대한 생각의 파도가 일어나고, 근원적 질문들은 곧 파도에 휩쓸려 사라져버린다. 그 파도가 물러나면 조만간 다시 고통을 불러오겠지만. 하지만 어차피 골똘히 생각해봤자 답을 찾을 수도 없고, 골치만 아프고, 시원스럽게 답을 해줄 사람도 없다. 그런 질문을 함부로 했다가는 이상한 사람으로 찍힐 수도 있다.

'나'는 태어나서 지금까지 '나' 개인의 확실한 역사를 갖고 있는 분명한 '나'라고 여겨지지만, 조금만 주의해서 주시해보면 '나'는 상황에 따라 계속 바뀌고 있다는 것을 알아차릴 수 있다. 틀림없이 전날 밤 잠자리에 들 때는 아침 일찍 일어나서 운동을 하고 출근해야지 다짐했었지만, 잠에서 깨어나는 순간 '나'는 완전히 달라진다. 그 사이에 '나'는 게으름뱅이가 되어 잠자리에서 절대 일어나려고 하지 않는다. 오늘 하루 운동하지 않는다고 무슨 큰 문제가 되겠냐고 핑계를 대며 그냥 누워서 잠을 청한다. 늦잠을 잔다. 그 바람에 지각을 하고서야 후회하고 자신을 탓한다. 아침에 일찍 일어나려는 의지와 관련해 무려 3명의 '내'가 돌아가면서 각자 역할을 맡고 있는 것이다.

대인관계에서는 훨씬 많은 '내'가 등장했다 사라진다. 자녀가 대기업에 취직했다는 친구의 메시지를 받은 중년의 주부가 있다고 하자. 그녀는 친구에게 축하의 메시지를 보내준다. 하지만 메신저 앱을 닫고는 부러운 마음이 동한다. 부러움은 곧 질투로 바뀌어 잘난 척하는 친구라며 비난을 한다. 그때 마침 또 다른 친구에게 걸려온 전화를 받는다. 또 다른 친구와 수다를 떨다 보니 자연스럽게, 대기업에 취직했다고 자랑한 친구에게 수다의 초점이 맞춰진다. 험담을 하기 시작한다. 한참 험담을 늘어놓았지만 마음이 풀리지 않는다. 취직을 하지 못하고 빈둥거리며 노는 아들을 생각하니 화가 치민다. 아들에게 친구 아들은 대기업에 들어갔는데 너는 뭐하냐고 다그치는 메시지를 보낸다. 아들의 짧고도 짜증스런 응답에 화가 폭발하여 분노의 메시지를 연속적으로 퍼붓는다. 그래도 답이 없자 이번에는 남편에게 짜증을 잔뜩 담은 메시지 폭탄을 퍼붓는다. 그래도 화가 풀리지 않는다. 텔레비전을 켜고 미니시리즈를 본다. 잔인하게 폭력을 휘두르는 주인공을 보며 후련해한다.

'나'는 더 잔인한 폭력을 원해서 채널을 이리저리 돌린다. 그러다 우연히 불우한 이웃돕기 프로그램을 보고는 동정심이 일어나 방송국에 전화를 걸고 기부를 한다. 그러는 동안에 얼마나 많은 '나'들이 등장했을까?

만일 그런 '나'를 주시할 수 있다면, 수많은 '나'가 외부의 상황에 따라 새로운 '나'가 계속 등장하고 있다는 사실 알 수 있을 것이다. 물론 '나'에 휩쓸리지 않고 '나'를 지켜보기는 대단히 어려운 일이지만. '나'의 안에는 왜 이렇게 '내'가 많을까? 시인들은 '나'의 원초적인 질문을 대신 해주곤 한다. 시인들은 삶의 근원적 질문의 순간을 놓치지 않고 꽉 붙들어서 글로 시를 짜내고 우리로 하여금 알아차리게 하는 각별한 능력이 있다. 시인들은 '나'를 망상, 수수께끼, 미스테리 등으로 표현하기까지 한다. 2020년 노벨문학상을 수상한 루이즈 글릭Louise Gluck은 '야생 붓꽃'이라는 시를 통해 '나'라는 망상을 다룬 것으로 유명하다. 17세기 독일의 시인 안젤루스 실레지우스Angelus Silesius는 '내가 무엇인지 나는 모른다. 내가 아는 것은 내가 아니다'라고, '내'가 정체불명 수수께끼 같음을 시로 표현했다. 우리나라의 시인 김광규는 '나'라는 시를 통해 '내'가 하나가 아니라 수많은 '나'로 계속 역할을 바꾸는 모습을 '재미있으면서도 혼란스럽게' 표현했다.

이런 시들은 '나'와 정면으로 마주하도록 만들어준다. 그렇다면 '나'는 누구지? '나는 나'라고 분명히 느껴지고 있지만… 시인의 시를 읽으면 '나'는 없는 것 같다. 정신분열증에 걸릴 것 같아 두렵기는 하지만 스스로 답을 찾아가도록 만들어준다. 시를 다 읽고 나면, '나는 하나가 아니다' '나는 아무것도 모른다' '나는 내가 누구인지 모른다'라는 결론에 도달하도록 길을 만든다. 시인이 통찰한 그대로 '나'는 '내'가 누구인지도 모르고, 아예 무시하고 살고 있는 것이다.

하지만 '나'는 휙 하고 생각을 털어버린다. 더 이상 생각했다가는 '내'가 없어질지도 모른다는 두려움이 몰려오기 때문이다. 살아가면서 어쩌다 한 번쯤 떠오르는 질문이지만, 두렵기도 하고 이상한 사람이 될 것 같아 그냥 먹고사는 문제로 덮어버리곤 했던 것이다. 어쩌면 그래서 삶이 더 힘들고 어려운 건지도 모르는데.

'나'의 실존에 의문을 품었던 사람들 중에는 시인, 소설가, 수필가, 희곡작가처럼 글을 쓰는 작가들이 많았다. 지금에 이르러서는 인간의 뇌와 마음을 연구하는 학자들 중에 '나', 즉 자아를 허구라고 단정적으로 말하는 학자들도 적지 않다. 그들은, 우리 모두 어떤 형식의 자아를 분명하게 경험하지만 사실 우리가 경험하는 것은 우리를 위해 '뇌'가 만들어낸 속임수이며, 자아의식을 일종의 '착각'이라고 주장하기도 한다. 엉뚱한 헛소리 같지만, 적지 않은 학자들이 이같이 인식하고 있다고 하니 엉뚱한 헛소리가 아닌 것만큼은 분명해 보인다. 깨달음에 이른 선각자들은 단호하게 '나', 즉 자아 혹은 에고는 없다고 말한다.

머리가 복잡해지지만, '나'는 허구일지도 모른다는 가정을 한 10%만이라도 받아들인다면, 앞서 등장한 노예가 글쓰기에 몰입할 때 '나'가 사라지는 현상도 조금은 수긍할 수 있을 것 같다. 그렇다고 하면, 일이 힘들고 삶을 힘들게 만드는 것을 머릿속으로 붙들고 늘어지느라 잠을 못 이루기보다는 노예처럼 글쓰기, 혹은 하루의 느낌을 글로 끄적거리는 편이 더 좋을 것이다. 억지로 잠을 자려고 애를 쓰기보다는, 글을 쓰다 보면 앞에 등장했던 노예처럼 자신도 모르게 잠에 빠져들지도 모를 일이다.

'내' 안의 수많은 '나'

시간을 갖고 찬찬히 '나'를 들여다보면, '나'는 정말로 하나가 아닌 듯하다.
하나씩 수를 세다 보면 수십여 명에 이르는 '나'를 만날 수도 있다.

──────────── '내'가 '착각'이거나 '속임수' '허구'라는 학
자들의 말에는 동의하지 않더라도, 우리는 김광규 시인의 시를 어
느 정도 공감할 수 있다. '내'가 상황과 관계에 따라, 생각과 감정,
입장이 달라진다는 사실은 분명히 경험하고 있고 그래서 잘 알고
있다.

간절히 갖고 싶은 고가의 상품이 눈앞에 있다면 '나'는 탐욕과
현실 사이에서 갈등한다. 그런데 평소 사이가 나쁜 동료가 그 상
품을 색깔별로 여러 개 소유하고 과시한다면 '나'는 아주 초라해
지고 또 까칠해진다. 그 인간이 회사에서 큰 성취를 이루고 큰 상

을 받는다면 '나'는 질투와 시기심으로 고통의 늪을 헤맨다. 아내가 부자가 된 친구를 부러워하면서 신세를 한탄하면 '나'는 짜증을 내며 재활용 깡통을 차버린다. 돌아서면 가진 것 없고 해낸 것 없는 '나'는 우울하고 불안하다.

하지만 자녀가 학교 운동회에서 경쟁자에게 졌다고 속상해하면 '나'는 의연해져서 크게 보고 노력하라고 격려한다. 텔레비전에서 어려운 처지에 처한 불우한 이웃을 보면 '나'는 연민을 느끼며 소액이라도 기부를 한다. 진급에 누락된 후배를 위해 '나'는 위로의 자리를 만들고 도닥여준다. 지구온난화로 생태계가 파괴되고 있다는 뉴스를 보면 '나'는 각성하고 쓰레기 재활용을 철저히 한다.

'나'는 '나'의 성장사로 단일화된 '나'라고 확신하지만, 시간을 갖고 찬찬히 '나'를 들여다보면, '나'는 정말로 하나가 아닌 듯하다. 하나씩 수를 세다 보면 수십여 명에 이르는 '나'를 만날 수도 있다.

가만히 '나'를 관찰하고 추론해보면, '내'가 힘들고 고통스러워할 때는 '내'가 작고 옹졸해지는 것을 볼 수 있다. 반면에 '내'가 의연해지거나 따뜻해지고 뿌듯해질 때는 '내'가 크고 넓어진다는 것을 느낄 수 있다. 그래서 오래전부터, 똑같은 '나'라고 해도 '작은 나'와 '큰 나'로 나누어서 생각했을 것이다.

그런데 '내'가 '작다', 혹은 '크다'라는 크기를 알아차리는 나는 또 무엇인가? 학자들은 스스로를 관찰하고 알아차리는 나를 '의식'이라고 하고, 깨달은 선각자들은 '진정한 나, 참나'라고 한다. 이 개념은 앞으로도 자주 등장할 예정이다.

'나'를 '나라고 생각하는 자아'와 '진정한 나'를 구분하는 의미에서 '나'를 에고라고 표기하는 것은 꽤 현명한 방법이라고 생각한다. 우리말 표현으로는, 늘 머릿속에 자리잡고 있는 '나'와 '진정한 나'는 구분이 잘 되지 않는다. 그런데 영어로 '나'는 'ego' 혹은 'self'다. 에고는 우리말 속에 섞여서 마치 우리말처럼 사용되고 있으며, '이기적인egoist'이라는 뉘앙스를 강하게 풍기고 있다. 따라서 나I와 구분하는 '나'를 지칭할 때 에고로 표현하면 구분하기 쉽고 이해하기가 쉬워진다.

이 글을 쓰고 있는 '나=자아=에고'는 자신을 속이는 일에 능숙했던 것 같다. 주변에서 지인들이 불행하게 세상을 떠나는 충격적인 상황에서, 에고는 '나'만은 괜찮을 거라고, 건강하고, 잘나가고, 잘 살고 있다고, 끊임없이 확신시켜주었었다. 자신에 대한 속임수 덕분인지 일을 할 때는 진짜로 '나'는 잘나가고 잘사는 사람이 되어 있었다. '나=에고'뿐 아니라 주변 사람들도 일을 잘한다고 인정해주었고, 또 긍정적으로 일을 하는 사람이라고 칭찬까지 들었다.

그러나 마음이 우울과 불안에 흔들리고 알코올에 의존하는 현실은 속일 수 없었다. 마음의 병은 점점 깊어졌다.

명상원에 등록한 이후, 빠지지 않고 꽤 열심히 다녔지만 우울과 불안은 사라지지 않았다. 아니 더 심해졌다. 가부좌자세를 하고 눈을 감고 가만히 있으면 얼마나 많은 '내'가 얼마나 많은 생각들을 떠올리는지…, 그것들을 쫓아다니다가 온갖 나쁜 감정만 증폭시킨 채 끝나기 일쑤였다.

명상선생은 호흡에 집중하라고 했지만, 호흡에 집중하다 보면 오히려 호흡을 제대로 할 수가 없었다. 저절로 되는 것이 호흡인데, 호흡에 집중하자 에고는 호흡을 통제하려고 했고, 그 바람에 호흡의 리듬이 깨져 숨쉬기 힘들었다.

호흡에 집중하라는 가르침이 의심스러웠다. 그것은 마치 리드미컬하게 피아노를 연주하는 연주자에게 건반을 누르는 손가락 하나하나에 집중하라고 주문하는 것과 다르지 않은 듯했다. 손가락 하나하나에 집중하면서 어떻게 피아노를 연주할 수 있을까? 발이 많이 달린 벌레에게 한 발 한 발 움직임에 집중해서 걸으라고 하면 제대로 걸을 수 있을까?

명상을 하면 오히려 마음이 불편했다. 호흡은 불안했고 불편한 호흡을 따라 마음속에서는 알 수 없는 감정의 파도가 요동을 쳤다. 수많은 생각들이 메뚜기 떼처럼 마음을 휘젓고 다녔다. 해보니 명상은 기대했던 것처럼 대단한 것이 아니었다. 그런 가운데 우울과 불안은 점점 커져갔다. 그리고 아주 위험한 생각이 떠오르기 시작했다.

우울하다. 불안하다. 이 '내'가 사라지면 모든 우울과 불안이 사라지지 않을까.

정말 그럴까? 사실은 나 자신이 우울하고 불안한 것이 아니라, 에고인 '나'와 한 패거리였던 마음이 우울하고 불안하다는 사실을 모르고 있었던 것이다. 그래서 '내'가 사라지면 우울과 불안도 몽땅 사라지지 않을까, 하는 위험한 생각을 했던 것이다.

그런데 '내'가 사라지면 정말 '나'는 완전히 없어지는 것일까? 이 '나'를 없애버리면, 정말 '내'가 겪는 모든 우울과 불안, 고통을 단번에 싹 끝내버릴 수 있는 것일까?

글을 쓰는 시간이 명상의 시간

'글을 쓰는 시간이 곧 명상하는 시간'이라는 가르침 때문이었을까?
글이 저절로 되는 듯했다. 어떤 '힘'에 의해 써지고 있다는 느낌이 들었다.

선생은 글을 쓰는 작가이기 때문에 사실은 노상 명상을 하고 있는 중입니다. 본인만 모를 뿐입니다. 깨어 있는 상태에서 글을 써보도록 하세요. 글쓰기가 바로 명상이니까요. 글쓰기에서 명상의 길을 찾는 것은 지혜로운 일입니다.

호흡도 잘 안 되고 명상도 잘 안 된다고 불평하던 '나'에게 명상선생은 이렇게 말했었다. 그때 '나'는 그 말뜻을 알아들을 수 없었다. 글쓰기가 명상이라니. 글쓰기를 또 하나의 노동이라고 생각하고 있었던 '나'는 명상선생의 말에 동의할 수 없었다. 그러나 그의 진지하고 따뜻한 표정 앞에서 말이 멈추었다.

　명상을 하면 스트레스가 사라지고, 마음이 편해지고, 병이 낫는다는 어디선가 들었던 말이 '나'에게도 어서 일어나기를 바랐었다. 그런데 명상선생을 따라 명상에 들라 치면 마음이 얼마나 시끄럽고 수다스럽게 떠들어대는지, 머리가 잡념으로 가득 차버려 단 1초도 고요와 평화를 체험할 수 없었다.

　'나'는 명상이 안 된다고 하소연하곤 했었다. 억지로 단전호흡을 하느라 머리가 아프고 허리가 아파 5분도 버틸 수가 없다고 불평했다. 명상이 오히려 '나'를 힘들고 고통스럽게 만든다고 생각했다.

　참고로, 명상에 들 때 과거의 '나'처럼 호흡이 오히려 명상을 방해하는 독자가 있다면 호흡에 집착할 필요가 없다는 경험담을 전하고 싶다. 호흡을 주시하는 과정에서 저절로 명상이 된다면 좋겠지만, 그렇지 않은 경우도 많기 때문이다.

　명상은 노력한다고 되는 것이 아니라, 오히려 노력하지 않을 때 되는 것이었다. 그런데 명상이 잘 되지 않는다고, 노력을 하지 않아서 명상을 못하는 거라고 자신을 탓해서는 곤란하다. 명상의 가치와 명상하는 법을 전파하는 선각자들 중에는 호흡에 주시하는 방법이 전부가 아니라고 말하는 분들도 있다.

　나는 사람들이 흔히 다른 사람들에게 의지로 호흡을 관찰하라고 가르치는 것을 별로 좋아하지 않는다. 호흡을 다스리려

하거나 호흡을 다른 것으로 만들려고 하지 말라. 숨은 저절로 들어오고 나간다.

선각자 아잔 브라흐마Ajan Brahma의 말대로, 그때 '나'는 호흡을 다스리려 했기 때문에 호흡이 불안정해지고 기운이 머리로 올라와 나쁜 잡념에 시달렸던 것이다. 그것을 깨닫기 전까지 '나'는 명상을 두려워하면서도 명상을 하겠다는 역설적 강박에 사로잡혀 있었다. 그러다 보니 명상을 하지 않을 때보다 도리어 명상을 할 때 불안증이 더 심해졌다.

'글쓰기가 곧 명상하는 것'이라는 명상선생의 말을 이해할 수 있게 된 것은 시간이 꽤 흐른 후의 일이다. 문단에 등단한 이후 시간이 지나면서, 글을 쓰는 일은 자칫 루틴한 일이 되어 있었고, 때에 따라 아주 힘이 드는 노동이 되어 있을 때였다. 그때, 회사 일이 한창 바쁠 때, 원고청탁이 들어왔다. 마감일이 촉박한 청탁이었다. 문단에 등단한 이후로 꼭 글을 싣고 싶었던 곳에서 들어온 원고청탁이었다.

야근을 하고 늦게 퇴근을 한 후에 원고를 써야 하는데 글이 손에 잡히지 않았다. 회사 일이 바쁘다, 피곤하다, 배가 아프다, 컨디션이 나쁘다 등등 온갖 핑계를 다 대며 미루고 또 미뤘다. 그러면서 써야 하는데…, 써야 하는데…, 괴로워하며 글을 쓰기 위해 책상에 앉기까지 많은 시간을 한숨으로 태워버렸다. 결국 책상에 앉아서도 글을 한 줄도 쓰지 못한 채 웹사이트 서핑을 하고 재미도 없는 텔레비전 오락 프로그램을 보느라 시간을 버렸다.

　그러다 결국 마감일을 바로 코앞에 둔 벼랑 끝에서 어쩔 수 없이, 글쟁이가 된 운명을 한탄하며 글을 쓰기 시작했다. 하필이면 이럴 때 원고청탁이 들어오다니…, 입이 저절로 투덜거렸다. 그런데 글쓰기를 시작하고 얼마 시간이 지나지 않은 순간이었던 것 같다.

　'글을 쓰는 시간이 곧 명상하는 시간'이라는 명상선생의 가르침 때문이었을까? 글쓰기가 싫어서 집요하게 미루고 미루던 '나'는 어느샌가 사라졌다. 그런 '나'는 어디에도 없었다. 글에 빠져 있다 보니 글이 저절로 되는 듯했다. 앞의 글이 다음 글로 꼬리를 물면서 이어졌다.

　그러고 보니 글을 쓰는 일은 즐거운 일이었다. '내'가 아닌 어떤 '힘'에 의해 저절로 써지고 있다는 느낌이 들었다. 그날따라 '나'로부터 한발 떨어져서 '나'를 내려다볼 수 있었다. 명상선생의 말대로 '깨어 있는 상태'에서 글을 썼던 것이다. 나는 글을 쓰고 있었고 해가 뜨는 것을 다섯 가지 감각이 아닌 다른 감각으로 느끼고 있었다. 원고를 완성하고 나니 뿌듯함이 밀려왔다.

　다시 읽어보니 '내'가 쓴 글 같지 않았다. 예전 같으면 '나'의 글쓰기 능력으로 거뜬히 해냈다고 우쭐했을 텐데, 그런 자부심이 들지 않았다. 마음이 차분해졌다. 그것은 신비한 체험이었다.

　그날 나는 글쓰기를 통해 명상이랄까, 의식에 눈을 떴던 것 같다. 물론 그 이전에도 비슷한 경험을 했었지만, 전에는 어떤 자각의 느낌은 없었다. 그런데 그날만큼은 유독 다르게 느껴졌다. 그래 서였을까? 글에 대한 반응도 좋았다.

그날 이후 '나'는 의도적으로 글쓰기에 대해 경건하고 고요한 마음가짐을 가지려고 자세를 바꾸기 시작했다. 명상은 꼭 가부좌 자세를 하지 않아도, 가부좌자세를 하고 허리를 곧게 펴고 손바닥 을 하늘을 향해 펼쳐 무릎 위에 놓은 채 호흡에 집중하지 않아도, 글을 쓸 때도 되는 것이었다.

'나'로부터 한발 떨어지기

객관화가 된다면, 생각, 감정과 동일시를 끊고 한발 떨어져서 자신을 바라보면
자신의 의지와 상관없이 생각이 오르내린다는 것을 알 수 있다.

―――――――― '글쓰기가 명상'이라는 명상선생의 말은 맞
는 말이었다. 물론 그 의미를 이해하고 글쓰기를 명상수행으로 연
결시키기까지는, 바로 앞서 서술한 그날의 자각과 더불어 꽤 많은
탐구와 수행의 시간이 필요했지만. '글쓰기가 명상'이 되는 까닭
은 '객관화'라고 하는 의식상태 때문이었다.

객관화란 자기 자신으로부터 한발 떨어져서 자신을 바라보는
것이다. 글쓰기의 객관화 경험은 사실 훨씬 전부터 겪었던 것이다.
물론 그때는 그것이 명상과 깊은 연관성이 있는지 몰랐을 뿐이었
다. 전부 다 에고인 '내'가 글로 쓰는 일이라고 믿고 있던 터라 알

수도 없었다.

글쓰기의 객관화는 직장생활을 한 3년 정도 했을 때 경험했었다. 불현듯 글을 몹시 쓰고 싶다는 의도가 의식 깊은 곳에서 불쑥불쑥 솟아올랐다. 글을 쓰고 싶다는 의도가 어찌나 강렬했던지 퇴근시간에 바로 퇴근하지 않고 사무실에 남아서 글을 썼다. 친한 회사동료들의 술자리 유혹도 사양했다.

글의 장르는 정하지 않았지만 쓰고 싶은 글을 계속 썼다. 처음에는 감정이 앞선 흥분상태에서 글을 썼기 때문에 방향을 잡지 못하고 갈팡질팡했지만, 지속해서 글을 쓰다 보니 '내'가 글의 주인공이 되어 있었다.

꾸준히 글쓰기를 계속하자 흥분이 가라앉고 차분하게 '나' 자신과 세상에 대해 객관적으로 바라볼 수 있게 되었다. '나'를 중심에 놓고 글을 쓰다 보니 시간과 공간을 의식하게 되었고, 시간과 공간 속에서 '나'를 바라보기 시작했다. 하루하루 글쓰기를 반복하자 글이 의미 있는 이야기로 맥락이 잡혀갔다.

그것을 소설 형식으로 다듬었다. 마침 한 중견 문예지에서 소설문학 신인상 모집공고가 나왔다. 앞뒤 생각하지 않고 투고했다. 투고를 하고는 조금도 기대를 하지 않았었는데, 전혀 예상하지 않았던 당선 통고를 받았다. 놀랍게도 '나'에게 당선이라는 일이 일어난 것이었다.

나중에 알게 되었지만, 그때 글을 쓰던 과정이 객관화의 과정이었다. 객관화란 의식 차원의 일이다. '나'의 생각과 감정, 몸, 그리고 행동 등을 의식의 눈으로 바라보는 것이다. '내' 생각과 감정, 내 몸이 바로 '나'인데 뭘 바라본다는 것인가?

대학에서 창의적으로 글을 쓰기 위해서는 자신으로부터 한발 떨어져서 스스로를 바라볼 줄 알아야 한다고 하면, 학생들은 상당히 난감한 표정을 짓곤 한다.

'나'는 '나' 자신 그 자체인데, 어떻게 나로부터 한발 떨어진단 말인가?

우리는 대개 자신의 생각과 감정을 '나'라고 믿고 있다. 생각, 감정과 완전히 동일시되어 있기 때문이다. 하지만 동일시를 끊고 한발 떨어져서 자신을 면밀히 바라보면, 자신의 의지와 상관없이 생각이 떠오르고 생각을 따라 감정이 오르내린다는 것을 알 수 있다(물론 이 단계에 이르기까지 수행이 필요하다). 그것은 마치 내 의지와 관계없이 심장이 뛰고 피가 흐르고 소화가 되고 하는 것과 다르지 않다.

그런데 우리는 어쩌다 큰 실수를 하거나 후회할 일이 생길 때면 비로소 동일시가 깨지곤 한다. 그럴 때마다 우리는 이렇게 혼잣말로 자신에게 묻곤 한다.

내가 왜 그랬을까?

한 자리에 가만히 앉아서 1분 정도 가만히 자신이 무엇을 하고 있는지 바라보자. 얼마나 많은 생각과 감정이 머릿속을 휘젓고 다니는지 그것을 바라볼 수 있다면, 그것이 바로 명상의 시작이다.

글쓰기도 마찬가지다. 글을 쓰려고 하면 일단 생각과 감정이 앞서게 된다. 생각과 감정이 앞장을 서니 흥분상태에서 글을 성급하게 쓰는 것이다. 글쓰기 훈련이 아직 되어 있지 않은 경우에 특히 심하다. 그래서 글을 다 써놓고 나중에 다시 읽어보면 글이 엉성하게 느껴지기 마련이다. 쓸 때는 감정이 울컥해서 분노에 치를 떨기도 하고, 눈물이 흘러나오기도 하지만, 나중에 다시 읽어보면 허접한 것이 자신이 봐도 창피할 때가 있다. 따라서 자신의 글에 감동의 눈물을 흘리고는 누군가 가까운 사람에게 비평을 구했다가는 악평을 받아 자칫 사이가 나빠질 수도 있다. 객관화가 되지 않으면 글의 수준을 올리기 힘들다.

'나'로부터 한발 떨어지지 못한다는 것은 무의식적이라는 것이다. 사실 우리의 삶은 대부분 무의식이 지배하고 있다고 해도 과언이 아니다. 가까운 사람, 예를 들어 가족이나 친구들과 함께할 때 했던 말과 행동을 한번 떠올려보자. 충분히 의식적으로 말하고 행동했을까? 그렇지 않을 것이다. 그냥 상황에 따라 자극과 반응 사이에서 자신도 잘 모르게 그냥 말하고 행동했을 것이다.

반면에 의식적일 때는 무의식적일 때와 완전히 다르다. 무의식이 아니라 의식이 주인이 된다. 의식이 주인이 되면 자신이 하는 말과 행동을 의식하고 알아차리게 된다. '내가 무엇을 알고 무엇을 모르는지 아는 상태Meta Cognition가 되는 것이다. 따라서 자기도 모르게 충동적으로 말하거나 행동하지 않게 된다. 그러다 보면 말을 가려서 하게 되고 또 많은 말을 하지 않게 된다. 의식이 주인이 되는 것, 그래서 자신의 생각과 감정을 바라보는 것, 그것이 바로 한발 떨어져서 자신을 바라보는 것이다.

'나'로부터 아주 멀리 떨어지면

명상의 깊은 단계에서 '나'를 둘러싼 공간을 무한대로 확장할 수 있듯이,
'나로부터 한발 떨어지기' 역시 무한대로 확장이 가능하다.

─────── '글쓰기가 명상'이라는 명상선생의 말은 곧 '글쓰기를 통해 에고는 사라지고 의식의 눈으로 자신을 바라보는 시각만 남는다'는 의미였을 것이다. '내' 생각과 감정이 바로 '나'라고 믿는 에고가 아니라, 고요하게 자신을 지켜보는 의식이 주인이 되는 것, 그것이 바로 명상이다.

대부분 명상에 들기 어려운 까닭은 끊임없이 요동을 치는 마음, 생각과 감정 때문이다. 또한 그것들과 에고인 '내'가 동일시되어 있기 때문이다. 그런데 글을 쓰다 보면 객관화가 되기 시작하고 저절로 명상상태에 드는 순간이 오게 된다.

그러나 그렇다고 모든 글쓰기가 명상이 되는 것은 아니다. 에고가 분노와 야욕, 탐욕, 집착으로 가득해서 흥분을 가라앉히지 못한 상태에서도 얼마든지 글을 쓸 수 있다. 누군가에게 악플을 달고 있는 에고의 손가락은 악의로 가득 차서 오타가 자꾸 나고 욕이 글로 나올 것이다.

아무리 많은 글을 쓴다고 해도 에고가 지배하는 상태에서는 명상이 자리 잡을 수 없다. 조용히 혼자만의 시간을 내서 오늘 일을 회상하고 안 좋았던 일을 떠올리고 글을 한번 써보자.

나쁜 놈!
너 윗사람만 아니었으면 아주 죽었어.
내일 사표를 너의 얼굴에 날려버릴 거야.

아마도 이런, 화나는 것들, 불편한 것들, 보복하고 싶은 것들이 서두를 장식하게 될 것이다. 격한 감정 상태에서 글을 쓰면, 계속 이런 거친 글들이 이어진다. SNS에 비난의 글을 올릴 때, 단체로 따돌리기 채팅을 할 때, 악성댓글을 달 때도 다르지 않다. 에고와 완전히 동일시되어 있기 때문이다.

그러나 그렇게 시작했다 하더라도 시간을 갖고 계속 써 나가다 보면, 뒤로 갈수록 화가 조금씩 가라앉고 다른 관점에서 바라보는 눈이 떠진다.

그러나 그때마다 에고가 눈을 뜨지 못하게 가로막을 것이다. 그때마다 '네가 바로 에고구나' 알아차리면서 다른 관점으로 글을 써본다면 어떻게 될까?

그 놈도 집에 가면 아이들의 아빠가 되겠지….
자기 자식에게는 올바로 살아야 한다고 말하겠지.
나 역시… 오늘 후배사원에게 너무 겁을 주지 않았나? 그 친구도 아빠가 되었는데.

이 정도로 글이 마무리된다고 하면 어느 정도 객관화가 된 것이다. 매일 글을 써 나가고, 점점 글쓰기에 익숙해지다 보면, 조금씩 달라지기 시작한다. 격한 감정으로 글을 시작했다 해도 끝에 이르러서는 자신으로부터 약간의 공간을 두고 떨어져서 바라볼 수 있게 된다.

이처럼 글쓰기가 객관화의 단계에 도달하면, 어느 지점에서 멈춰 섰다가 처음으로 되돌아와 바로잡고 다시 앞으로 나가는 과정을 거치면서 글을 써나가게 된다. 그러면 마음이 차분해지고 글이 점점 좋아진다. 앞에서 등장했던 노예가 자신의 신세를 한탄하면서 글을 시작했다가 차분하게 이야기에서 이야기로 흐름을 타는 순간이라고 할까?

'나로부터 한발 떨어지기'가 되기 시작하면 명상의 범위를 넓힐 수 있다. 명상의 깊은 단계에서 '나'를 둘러싼 공간을 계속 확장해서 방, 집, 동네, 도시, 산, 강, 바다, 하늘, 우주 무한대로 확장할 수 있듯이, '나로부터 한발 떨어지기' 역시 무한대로 넓히는 것도 가능하다.

이번에는 '나는 누구인가?'에 대해 글을 써보자. 가능하면 혼자 조용히 글을 쓸 수 있는 공간에서 시작한다.

'나'에 대해 글을 쓰기 시작하면 마치 연대기처럼 성장과정이 떠오를 것이다. '나'의 성격, '나'의 장점과 단점 등을 짧은 문장으로 적어나간다. 마치 자기소개서를 쓰는 기분이 들 수 있다.

이번에는 반대로 현재 시점에서 과거로 시선을 거꾸로 돌리면서 써본다. 이미 썼던 것을 거꾸로 편집해도 된다. 그러면 차츰 차츰 과거로 나아가기 시작할 것이다. 과거로, 먼 과거로, 가능한 한 멀리 먼 과거로 나아간다. 그러면 유년시절을 지나 태어났을 때까지 돌아갈 것이다. 대부분 기억이 거의 나지 않겠지만 말이다. 할 수 있다면 더 먼 과거로 가보자. 과거의, 과거의, 과거의 과거… 갈 수 있는 데까지 가보면 어떨까?

진화론이 100% 맞는다고 하면 우리의 유전자는 인간 이전의 어떤 생명체의 유전자였을 것이다. 원시 자연에서 생명체의 삶이란, 동물의 세계 다큐멘터리처럼, 삶과 죽음, 먹느냐 먹히느냐, 이기느냐 지느냐… 사는 것 그 자체가 고통이었을 듯하다. 진화의 여정을 따라 물에서 뭍으로 기어 올라오던 생명체까지 거슬러 가본다. 생존의 짐이 우리들 유전자에 그대로 새겨지던 과거까지 가본다.

글이 따라가지 못할 정도로 과거로의 회귀가 빨라질지도 모른다. 단순한 상상일까? 그렇지 않다. 뇌 과학자들은 우리 뇌의 구조가 도마뱀의 뇌부터 시작해서 포유류의 뇌, 유인원의 뇌, 인간의 뇌로 진화의 과정을 따라 겹겹이 쌓여져 있다고 한다. 그렇다면 우리의 뇌는 아주 먼 과거까지 기억하고 있는 셈이다.

의식의 확장은 곧 '나'의 확장을 가져온다. 오직 현재의 '내'가 바로 '나'이며 '나'는 완전히 독립된 개체라고 생각했는데, '나' 안에는 오직 '나'만의 존재만 있는 것이 아닐 가능성이 높다. 그렇다면 '내' 마음의 어딘가에 상처로 남아 있을 정체불명의 우울과 두려움과 불안도 이해되기 시작한다. 나중에 알았지만, '나'의 우울증과 자살 충동은 할머니의 자살과 연결되어 있었다.

고통스런 글쓰기의 역설

어느 순간부터 글을 쓰는 고통은 어디론가 사라졌고 행복감마저 느껴졌다.
마치 마라톤 선수들이 느낀다는 '러너스 하이|Runners High'와 비슷한 것이랄까?

───────────── 하루를 시작할 때 희망으로 행복한 글쓰기
를 하거나, 잠자리에 들기 전에 하루를 되돌아보면서 글을 쓸 때
몰입이 잘되고 명상이 잘된다. '나'의 경험으로는 일기나 편지, 시,
소설, 수필처럼 오랫동안 인류의 역사와 함께 해온 장르의 글을
쓸 때 명상이 잘되곤 했다.

그러나 꼭 그런 순수한 글쓰기만이 마음을 평화롭고 고요하게
만드는 것은 아니었다. 전혀 그렇지 않은 경우에도 명상하는 글쓰
기가 되었다. '내'가 겪기에는 돈이 관여된 상업적 글쓰기에서도
가능했다.

'내'가 직장생활을 한 지 꽤 지나 경력이 붙고 일에 한창 재미를 느끼고 있을 즈음의 경험이다. 그때 굉장히 혹독한 오더가 '내' 앞으로 떨어졌었다. 그 당시 '나'는 텔레비전이나 라디오, 신문, 잡지 등 주요 4대 매체의 광고 아이디어 발상과 카피라이팅을 주로 맡았었는데, 갑자기 한 건설회사의 홍보용 책자를 만드는 일을 하라는 것이었다.

홍보용 책자 작업은 지루하고 재미없는 데다 글을 한없이 많이 써야 하는 중노동이었다. 게다가 생색이 나지 않는 일이어서 제작 스태프들 대부분이 피하고 도망을 다녔다. 그것도 건설회사의 홍보용 책자라면…. 하지만 경영진에서 '나'를 지목했기 때문에 도저히 피할 수가 없었다.

건설회사의 수십 년 역사를 한 권의 책으로 만드는 홍보용 책자는 최고경영자인 회장이 직접 주관하는 일이었다. '나'는 말단 직원으로는 감히 대면조차하기 힘들다는 회장을 면담하기 위해 건설회사 회장실로 불려갔었다. 지금 기억에도, 한국을 대표하는 건설회사 중 하나였던 그 건설회사 회장은 산 도적처럼 무시무시하게 생겼었다.

회장은 '나'를 힐끗 쳐다보더니, 당시 구독자가 많기로 유명한, 두꺼운 시사월간지를 '내'게 보여주면서 '이 정도 두께로 책이 될 수 있도록 글로 빽빽하게 채우라'고 강압적으로 명령했다. 그것도 단 며칠 만에 초고를 써내라는 말도 안 되는 막말을 던졌다.

마음속으로 절대로 할 수 없다고 외치고 싶었지만 회장이라는 자리의 위세에 눌려 감히 아무 말도 할 수가 없었다. '내'가 대답을 하지 않자 그 건설회사의 부장이 간단히 '네'라고 대답을 해버렸다.

회장은 텔레비전 방송의 코미디 프로에 나오는 독재자 회장과 조금도 다르지 않았다. 부장에게 일처리를 잘 못한다고 험하게 소리를 질렀다. 그러면서 이번 홍보용 책자는 제대로 잘 만들라고 엄포를 놓았다. 그는 회장실에 들어온 모든 임직원들에게 화를 내고, 이런저런 지시를 내리고, 소리를 지르고, 서류를 집어던졌다. (시간이 한참 지난 후에 막강한 자본과 지위를 가지고 임직원들을 함부로 다루던 그 회장은 무슨 비리에 연관되어 죄를 짓고 감옥살이를 했다.)

간부직원은 주눅이 들어 회장실을 나와서는 길게 한숨을 내쉬었다. 그리고 '나'를 바라보며 '아주 어려운 일이지만 자기 목이 걸린 일'이라고 꼭 해내야 한다고 강조했다. '나'는 한마디도 하지 않았다. 마음속으로, 저런 말도 되지 않는 일을 하느니 사표를 쓰겠다고 굳게 다짐하고 회사로 돌아왔었다. 그리고 책상에 앉아 바로 사표를 썼다. 그때 국장이 '나'를 조용히 불러 내게 말했다.

"사장님도 특별히 자네를 지명했었네. 자네는 문단에 등단한 작가이기도 하니까 충분히 할 수 있을 거야. 다른 일은 신경 쓰지 말고 당장 시작하게. 3~4일 회사에 나오지 않아도 돼. 자네가 가고 싶은 곳에 가서 글을 써. 이번 일을 잘 처리하면…! 내가 자네에 대해 생각하는 게 많아."

직장생활이란 것은 참 묘한 것이었다. 저 따위 말도 안 되는 일을 하니 사표를 내고 그만두겠다던 굳었던 다짐은 국장의 감언 이설에 녹기 시작했다. 게다가 국장은 돈이 들어 있는 봉투를 건네주면서 '내' 등을 도닥여주었다.

'나'는 책상으로 돌아와 봉투 속에 들어 있는 거금을 세어보면서 한참동안 생각에 빠졌었다. '나'에 대해 회사에서 이렇게 신경을 써주고 있는데…, 다른 모든 일을 하지 않고 오로지 홍보용 책자 원고만 쓴다면 어쩌면 가능하지 않을까? 그것도 탈고가 아니라 초고라면…, 당장 돈이 필요하지 않은가? 또 다른 '나' 에고가 간사하게 속삭였다.

'나'는 많은 양의 자료를 몇 개의 가방에 나눠 담고서 회사를 나왔다. 멀리 동해안의 근사한 호텔이나 콘도로 갔으면 좋았으련만 소심했던 '나'는 회사 근처의 여관에 방을 잡았다. 그리고 바로 불가능한 작업에 들어갔다.

산더미 같은 데이터를 쌓아놓고 바라보니 한숨이 나왔다. 분노와 두려움 같은 부정적 감정들이 솟구쳤지만 지체할 시간이 없었다. 데이터를 읽고 분류해 벽에 붙이기 시작했다. 시간이 지나자 여관 벽을 자료로 도배를 하다시피했다. 그리고 건설회사의 창업부터 성장, 그리고 그 당시에 이르기까지 역사를 따라 국내외 토목건축공사의 내용을 파악하고 서사적으로 글을 써나갔다. 한 땀 한 땀 글로 바느질을 하는 것 같았다. 써도 써도 끝이 없었다.

그때 얼마나 치열하게 썼던지 지금도 리야드니 담만이니 하는, 한 번도 가보지 못한 중동국가의 도시 이름들이 입에서 맴돌 정도다. 며칠 만에 글을 다 써내야 한다는 무지막지한 중압감 때문에 화장실 가는 것도 잊고 시간이 어떻게 흐르는지도 모를 정도로 글을 썼다.

문득문득 치열하게 글을 쓰는 '나'를 내려다보는 어떤 시선 같은 것이 느껴지기도 했다. 어느 순간부터 글을 쓰는 고통은 어디론가 사라졌고 알 수 없는 행복감마저 느껴졌다. 마치 마라톤 선수들이 느낀다는 '러너스 하이Runners High'와 비슷한 것이랄까?

그렇게 첫날 동이 트는 새벽이 되었을 때, 창으로 부드러운 붉은 햇빛이 들어왔다. 그 빛을 따라서 말할 수 없는 큰 행복감이 가슴으로 밀려들었다. 평소 작은 일에도 생색을 내고 뽐내고 싶어 하던 '나'는 어디론가 사라지고 없었다. 직업으로 어쩔 수 없이 글을 쓰는 일이라 온 마음이 거부하는 일이었지만, 그런 험한 일도 해보니 역시 깊게 몰입이 되었으며, 몰입이 된 이후에는 '나'가 사라졌고 일체의 부정적 감정들도 따라서 사라졌다. 시간이 지난 후에, 글쓰기뿐 아니라 그림, 조각, 건축, 음악, 운동, 심지어 힘든 노동에서도 같은 효과가 나타난다는 것을 알게 되었다.

무엇에 대해 글을 쓸 것인가?

순간순간 에고로부터 살짝 떨어져 나와 주의를 기울여보면,
이 세상은 쓸거리로 가득하다는 것을 알게 된다.

———————— 글쓰기를 명상이라고 의식하기 시작하면
에고가 하는 행위들을 바라볼 수 있다. 대부분 에고와 동일시가
워낙 강해서 처음에는 쉽지 않겠지만, 지속적으로 머릿속을 떠도
는 잡생각들과 감정을 글로 정리하다 보면 마음이 차분하게 가라
앉는 것을 느낄 수 있다. 마음이 차분하게 진정이 되면 생각과 감
정이 정리되고 올바른 판단을 하는 데도 도움이 된다.

그런데 막상 글을 쓰려고 하면 난감한 문제가 앞을 가로막는다.
도대체 무엇에 대해 글을 쓰면 좋을까? 필기도구로 노트에 글을
쓰든, 컴퓨터 워드프로세서로 타이핑을 하든, 스마트폰 메모 앱을

이용해 손가락으로 자판을 터치하든 막상 글을 쓰려고 하면 쓸 게 별로 없다는 것이 문제다. 대학에서 학생들에게 일상의 삶을 글로 쓰라는 과제를 내주면 학생들은 입을 모아 쓸거리가 없다고 불평한다. 기업의 창의성 개발을 위한 글쓰기 강의에서도 마찬가지다.

쓸 게 없어요. 맨날 똑같은 일의 반복인데 특별히 쓸거리가 어딨나요?
써봤자 초등학생 일기처럼 유치한 글이 되고 말아요.
이런 글쓰기 과제 때문에 오히려 스트레스가 쌓여 잠이 안 옵니다.

이렇게 애교 섞인 불만을 표시한다. 글쓰기가 안 되어 스트레스가 쌓이고 잠을 못 이룬다는 것이다. 물론 과제이기 때문에 스트레스가 쌓일 수도 있겠다. 대학생이라면 지하철을 타고 학교에 오고, 강의실에서 강의를 듣고, 학교식당에서 점심을 먹고, 도서관에서 리포트를 작성하고, 팀워크 과제를 하면서 수다를 떨다가, 다시 지하철을 타고 집으로 가는 거의 매일 비슷한 루틴이 반복되는 것이니, 어제도 오늘도 내일도 다를 것이 없는 일상에서 무엇을 글로 쓸 수 있겠는가?
그런데 글을 쓰려고 하면 아무것도 떠오르지 않는다는 말은 글로 먹고사는 작가들도 입에 달고 사는 투정이기도 하다. 그들 역시 조금도 다르지 않다.

글을 쓰려고 책상에 앉으면 아무것도 떠오르지 않는다.

원고 마감일은 다가오는데, 일주일째 한 줄도 쓰지 못하고 있다.

노트북을 켜면 워드프로세서 화면처럼 머릿속도 하얘진다.

작가들이라고 다를 바가 없다. 작가들은 글쓰기가 소득의 한 부분이니 마감을 앞두고 머리가 하얘지면 당장 생활비가 문제가 될 것이다. 작가들도 그럴진대, 일반인으로서는 난감할 수밖에 없다.

정말로 무엇을 써야 할까? 뭐라도 글을 써야 명상이 되지 않을까? 그렇다고 글쓰기를 위한 소재, 제재, 주제 등을 거론하려는 것은 아니다. 세상에는 글쓰기 방법과 지침을 상세히 풀어쓴 책들이 얼마나 많은가? 괜히 똑같은 말을 덧붙이고 싶은 생각은 없다. 다른 관점에서 이야기하고자 한다. 그것은 지금까지 계속 등장했던 '나', 에고에 관한 것이다.

글을 쓰려고 할 때, 매일 반복되는 일상만 떠오를 뿐, 아무것도 쓸 게 없는 이유는, 사실은 에고 때문이다. 우리들 안에 자리 잡고 있는 에고는 정말 집요하다. 오로지 에고가 관심을 갖는 것만 생각하게 하고 그 외에 다른 것들은 아예 생각할 수도, 쳐다볼 수도 없게 만든다. 지금 잠깐이라도 '나' 자신이 지금 무슨 생각을 하고 있는지 관찰해보자.

앞에서 언급했듯이, 내 안의 에고를 관찰하기 위해서는 '나'로부터 한발 떨어져 나와야 한다. 에고를 관찰하면 에고의 속성을 알아차릴 수 있다. 3분 정도 시간을 내서 한번 해보자. 에고가 집착하고 탐닉하는 것은 생각이다. 관찰해보면 잠시 이 생각에 붙었다가, 순간 저 생각으로 튀었다가, 또 순식간에 다른 생각을 붙들었다가, 정말 바쁘다.

마음에서 떠오르는 생각들은 주로 과거의 기억들, 그리고 앞으로 해야 할 일들이다. 그 생각들을 모두 자기 거라고 우기면서 뛰어다니다 보니 1분은커녕 20초, 10초도 가만히 있지 못한다.

'나' 에고가 무엇을 하고 있는지, '나'로부터 떨어져 나와 '나'를 관찰하고 알아차리는 것은 결코 쉬운 일이 아니다. 에고가 너무 빨리 움직이기 때문에 알아차리기 어렵다. 그래서 '머릿속에서 떠오르는 것은 다 '내' 생각이고 '내' 감정인데 뭘 알아차린단 말인가?' 하고 항변할 수밖에 없다.

하지만 앞에서도 언급했지만 뭔가 잘못됐을 때, '어? 지금 내가 무슨 짓을 한 거지?' '내가 왜 이런 거야?'라고 스스로에게 반문한 적이 있다면 그것을 알아차림이라고 해도 좋다. 또 '이러다 내가 사고를 치는 게 아닌가?' '내가 무슨 짓을 할지 나도 내가 무서워'라고 자신이 걱정되었던 경험도 일종의 알아차림이다.

학자들과 선각자들은 머릿속에서 이리저리 떠다니는 생각들 거의 대부분이 과거의 후회와 미래에 대한 걱정뿐이라고 한다. 게다가 그런 후회와 걱정을 했는지도 곧 잊어버린다고 한다. 하루의 대부분을 후회와 걱정에 사로잡혀 지내고 있고, 또 그런 생각을 했는지도 잊어버리고, 아무것도 보이지 않게 되고, 또 그것마저도 곧 잊어버리게 되니, 그래서 쓸거리가 없게 되는 것이다.

후회와 걱정은 우리를 좁은 틀 속에 가둬둔다. 하지 말았어야 할 일, 해서 후회하는 일, 했었더라면 좋았을 일, 그리고 곧 해야 할 일, 조만간 해야 할 일, 앞으로 해야 할 일. 이런 것들에 사로잡혀서 다른 것들을 볼 수 없게 만든다. 그러다 보니 시야가 좁다. 좁아도 아주 좁아서 다른 어떤 것도 눈에 들어오지 않는다. 그러니 학교에 가고, 강의를 듣고, 점심을 먹고, 도서관에서 공부하고, 집으로 온 것밖에 쓸거리가 없는 것이다. 이런 상태에서 글을 쓰면 시간의 흐름을 따라 행위를 적는 유치한 글이 되고 만다.

만일 잠시 동안이라도 에고를 알아차리고 억지로라도 잠시 생각을 멈춘 다음, 주변을 돌아보았다면. 틀림없이 무엇인가 있었을 것이다. 의식의 눈은 시멘트의 갈라진 틈에서 자라 꽃을 활짝 피운 민들레를 보았을 것이고, 서늘한 바람이 몰고온 시원한 느낌을 피부로 느꼈을 것이며, 새들의 지저귐도 들었을 것이다.

순간순간 에고로부터 살짝 떨어져 나와 주의를 기울여보면, 이 세상은 쓸거리로 가득하다는 것을 알게 된다. 환승역 플랫폼에 다가가는 순간 운 좋게 막 도착하는 전철, 먼저 가라고 양보하는 낯선 이의 작은 친절, 유모차에서 빤히 '나'를 쳐다보는 아기의 호기심 가득한 시선, 걸음걸이를 따라 높낮이가 달라지는 풀벌레들의 소리, 식욕을 자극하는 고기 굽는 냄새, 길고양이의 태평한 낮잠. 그런 것들을 보고 스마트폰에 메모를 해둔다면 명상하는 글쓰기의 쓸거리를 포착한 셈이다.

질문을 하고 답을 찾아가는 과정

'왜'라는 질문은 글쓰기의 시작점이며 명상의 출발점이다.
질문을 한 무더기로 써놓는다면 글로 쓸거리들이 풍부해지고
그 깊이도 깊어지기 시작한다.

──────── 무엇인가 글을 쓸 대상을 알아차렸다면, 바로 글쓰기를 시작할 수 있을 것이다. 가능하면 미루지 않고 바로 쓰도록 한다. 스마트폰 메모나 글쓰기 앱으로 써도 된다. 일단 글을 쓰기 시작하면 5행 혹은 10행까지 어렵지 않게 써나갈 수 있을 것이다.

낮에 뜬 반달을 보았다.
낮에 뜬 반달… 그런 비슷한 동요 가사가 있었던 것 같다.
가사가 뭐였더라?

잊고 사는 게 너무 많은 것 같다.

어릴 적 살았던 동네에 한번 가보면 어떨까?

그리 멀지도 않은데.

이 정도 손이 가는 대로 써본다. 순식간에 저절로 써지기도 한다. 때에 따라서는 순식간에 A4용지 한 장(10급 폰트로 원고지 7~8장)이 써질 수도 있다.

그런데 문제는 대부분 5행에서 10행 정도 글을 쓰고 나면 더이상 앞으로 나아갈 글의 길이 사라져버린다는 것이다. 더 이상 뭘 써야 할지 앞이 깜깜하다. 또 다른 벽이 가로막는 것이다.

이 문제를 해결하기 위해 글의 구성이니 구조니 맥락이니 하는 어려운 개념을 거론하게 되는데, 이런 추상적인 어려운 개념은 이해하기도 어려울 뿐 아니라 이해한다 해도 글쓰기에는 도움이 되지 않는다. 이해하면 할수록 글쓰기와는 거리가 멀어지고, 처음 떠올랐던 느낌도 잃어버리기 십상이다.

'나'는 강의실에서 가능하면 글의 구성이니 구조니 맥락이니 하는 어려운 것들에 대해 언급하지 않는다. 주제니 소재니 제재니 하는 쓸데없는 것들에 대해서도 생략한다. 사실 그것들은 글을 쓰는 데 조금도 도움이 되지 않고 방해만 되는 것들이다.

우리는 초등학교부터 중고등학교, 심지어 대학에서도 글쓰는 법을 배우기보다 남이 쓴 글을 분석하는 방법을 주로 배웠다. 주제니 구성이니 수사법이니 하는 것들은 모두 글을 분석하는 방법이지 글을 쓰는 방법은 아니다.

글쓰기 구성의 좋은 방법은 질문하고 그 답을 찾는 것이다. 따라서 글의 시작을 질문으로 하는 것이 좋다. '왜'라는 질문으로 글을 시작하면 글쓰기를 가로막는 벽이 사라지고, 글의 길이 생기기 시작한다.

예를 들어 시멘트벽을 뚫고 피어난 민들레가 눈에 들어와서 그것을 글로 쓴다면, '쟤는 하필 왜 저기에서 꽃을 피웠을까?' '무엇이 민들레에게 저 엄청난 힘을 주었을까?' 이렇게 먼저 질문을 하고 글을 써나가는 것이다. 더구나 명상하는 글쓰기라면 질문으로 시작하는 것이 좋다.

나는 지금 왜 이렇게 화가 난 것일까?
남편의 반대를 무릅쓰고 그 가방을 구입하면 정말 행복할까?
내 잘못이라고 사과하는 게 이렇게 어려운 일일까?

이렇게 질문을 하는 것으로 글을 시작한다. 글로 질문을 하고 글을 통해 답을 찾는다. 질문에서 질문으로 계속 이어지는 것 역시 좋은 방법이다.

엄마는 왜 사사건건 내 의견에 반대하는 것일까?
내가 화를 낸다고 아내가 달라진 적이 있는가?
화를 내지 않고는 말을 할 수 없을까?

이렇게 질문을 한 무더기로 써놓는다면 글로 쓸거리들이 풍부해지고 그 깊이도 깊어지기 시작한다. 질문에 일일이 답을 하다 보면 글은 어느새 A4 용지 한 장을 넘어서게 될 것이다. 더 나아가 자신도 알아차릴 수 없었던 생각과 감정, 행동들을 되돌아보게 되고 성찰이 시작된다. 그 과정을 반복하다 보면 몰입과 명상의 단계로 들어서게 된다. '왜'라는 질문은 글쓰기의 시작점이며 명상의 출발점이다.

일상생활 속에서 우리는 자신의 에고를 알아차리기가 참으로 힘들다. 거의 모든 것이 순식간에 무의식적으로 진행되기 때문이다. 무의식적이고 즉각적이고 충동적인 것이 에고의 특기라면, 의식은 에고로부터 한발 떨어져서 바라보는 시각이 기본기다.

에고를 알아차리는 수행은 훈련을 통해 강화될 수 있다. 그렇다고 수련원에 갈 필요는 없다. 평상시 자신의 생각과 감정을 알아차리려고 주의를 기울이다 보면, 조금 늦게 알아차린다 해도 자신의 충동적 감정과 생각, 말과 행동을 알아차리고 바로 잡을 수 있다.

에고를 알아차릴 수 있는 좋은 방법은 글쓰기다. 글을 통해 질문을 하고 답을 찾는 과정은 충분히 의식적이기 때문이다. 의식이 깨어 있다면 에고는 조용해진다. 에고가 조용해지는 그때 명상 상태에 들어서게 된다.

질문으로 글을 시작할 때 우리가 꼭 알아야 할 사실은 질문하기가 분석하고 파헤치기 위해서가 아니라는 것이다. 깨달음을 가르치는 선각자들은, '질문하기는 정확하게 현재 있는 그대로의 우리 경험에 깨어 있게 되는 것을 목적으로 한다'고 강조한다. 질문 그 자체가 우리가 깨어 있게 하는 방법이라는 것이다.

깨달은 선각자들은 고통받고 있다는 것을 깨닫게 되면 자유로워진다고 역설한다. 이 문제는 언뜻 받아들이기 쉽지 않다. 지금 가장 중요한 것은 알아차리기 위한 가장 좋은 방법이 글쓰기와 질문이라는 것이다. 바로 자신, 스스로에게 글로써 질문하는 것이다.

나는 울안하고, 과거의 나쁜 기억에 붙들려 있고, 내비알 수 없는 미래에 내비하느라 집착하고, 스스로를 속이고, 착각하고, 결함이 있고, 어림짐작으로 실수를 하고, 고통에 민감하고, 실제 하지 않는 허상을 창조해서 스스로를 힘들고 고통스럽게 만든다.

PART 2

생각보다
엉성한 '나'

우리는 왜 불안한 것일까?

"불안은 이제 삶 그 자체가 되었다." 이 말은 지금 우리가 살고 있는 이 시대에,
저녁 뉴스에 등장했던 앵커가 했던 말이다. 불안은 거의 일상이 된 것 같다.

──────────── 그는 평범한 회사원처럼 보였다. 내성적이
고 소심했지만 맡은 일에 충실했다. 보험회사의 직원으로 사건 사
고의 법적 과정을 꼼꼼하게 처리했고, 장거리 출장도 마다하지 않
았다. 창의적 발상에도 능했다. 오토바이 운전자의 안전을 위해 안
전헬멧을 개발해서 많은 생명을 구하는 한편, 회사의 결손처리를
줄이는 데 기여했다. 사실은 평범하지 않고 유능한 회사원이었다.
소심한 성격 때문에 평범해 보였을 뿐이다.

그런데 겉으로 보이는 평범함과 달리 마음속에서는 알 수 없는
불안이 요동을 쳤다. 마음에서 끊임없이 울리는, 알 수 없는 불안

한 진동 때문에 그는 늘 초조했다.

　그는 회사 일을 마친 후 집에서 글을 썼다. 불안을 해소하기라도 하듯 밤늦도록 글을 썼다. 글의 내용은 대부분 회사 일을 하면서 목격했던 부조리에 대한 경험과 느낌들이었다. 겉으로 보기에는 상식적인 세상이었지만, 그 어두운 뒷면에서는 온갖 부조리한 일들이 벌어지고 있었다. 불평등한 사회구조, 가진 자들의 특권과 못 가진 자들의 억눌림, 그 앞에서 무력한 자신, 한계, 좌절, 소외, 환멸. 그것들을 이야기로 풀어썼다. 그는 자신이 살고 있는 시대의 부정적인 그림자를 모두 끌어안았고, 그러다 결국 불안과 하나가 되어버렸다.

　무엇보다 불안, 그것은 나의 본질이 되었다.

　그는 자신의 불안에 대해 이렇게 글로 썼다. 불안에 시달리면서도 불안의 원인과 해결책을 찾고자 했다. 그러나 답은 어디에서도 찾을 수 없었다. 불안의 도가 점점 심해질수록 마음은 더욱 황폐화되었고, 몸은 알 수 없는 여러 가지 고질병에 시달렸다. 그는 그 병의 원인이 불안 때문이라고 확신했다.

　그는 극도로 불안한 상태에서 몇몇 작품을 발표했지만 주목받지 못했다. 그는 자신이 쓴 원고를 모두 태워버릴 생각을 했다. 친구에게 자신이 죽으면 원고를 모두 태워달라고 부탁까지 했다.

불안만 없다면 나는 거의 아주 건강할 텐데.

그는 이렇게 불안에 시달리고 병에 시달리는 자신의 처지를 한
탄했다. 평생 그렇게 불안과 질병에 시달리며 살다 결국 폐결핵으
로 불행한 생을 마감하고 말았다. 퇴근을 하고 밤늦게까지 썼던
원고들은 빛을 보지 못한 채 먼지가 쌓여갔다.

그를 아꼈던 친구는 그의 원고를 불태우지 않고 책으로 출간했
다. 그의 글은 죽고 나서야 빛을 발하기 시작했다. 그가 쓴 글들은,
미완성된 상태의 글마저도 시대를 넘어 전 세계인으로부터 사랑
받은 불후의 명작이 되었다.

우리는 그의 불안한 삶을 얼핏 쳐다보면서 그가 살았던 시대가
몹시 불안한 시대였을 거라고 추측할 수 있다. 그런데 실제로는
그가 살았던 시대에 비해 지금이 더 불안하지 않을까? 정량적 수
치로 계산해서 시대를 비교한다면 확연하게 알 수 있지 않을까?

아니, 그럴 필요도 없다. 알 수 없는 정신적 질환의 수가 언제
더 많았는지 비교하면 간단하리라. 불안장애, 강박장애, 공황장애,
사회불안장애, 사회공포증, 광장공포증…. 바로 이 순간에도 또 다
른 이름의 불안장애와 불안증상이 탄생하는 지금 이 시대가 그가
살았던 시대보다 훨씬 더 불안하다고 할 수 있을 것이다.

우리는 과거와는 비교가 안 될 정도로 풍요로우면서도 기이하
게도 불안한 시대에 살고 있다. 그래서일까? 불안을 회피할 거리
들을 무궁무진하게 만들어내고 있는 듯하다. 시도 때도 없이 스마

트폰으로 검색을 하고, 뉴스를 확인하고, 문자를 주고받고, 수다를 떨고, OTT에 몰두하고, 여행을 하고, 맛집을 순례하고, 쇼핑을 하고, 영화를 보고, 게임을 하고, 스포츠에 열광하고, 애완동물을 키우고, SNS에 올리고. 끊임없이 무엇인가를 하고 있다. 그러나 그런데도 불안은 조금도 사라지지 않는다. 불안은 오히려 더 커지고 있다.

불안 회피수단이 많으면 많을수록 불안은 더욱 기승을 떠는 것 같다. 텔레비전 뉴스를 보면 불안으로부터 벗어날 길은 없어 보인다.

불안은 이제 삶 그 자체가 되었다.

이 말은 그가 한 말이 아니다. 지금 우리가 살고 있는 이 시대에 저녁 뉴스에 등장했던 앵커가 했던 말이다. 불안은 과학문명과 자본주의의 발달과 함께 더욱 크고 강해졌으며 근심, 걱정, 초조, 두려움은 거의 일상이 된 것 같다. 우리 시대가 얼마나 불안한지는 뉴스 헤드라인만 잠깐 들여다봐도 쉽게 알 수 있다. 바이러스, 괴질, 폭력, 테러, 전쟁, 경제난, 취업난, 실업자 양산, 지구 온난화, 미세먼지, 해수면 상승, 인구감소, 멸종….

우리는 불안할 수밖에 없는 존재인 것일까?

인간이 불안할 수밖에 없는 존재라는 사실을 알아차린 그는, 책 속의 사진에서도 불안을 감지할 수 있을 정도로 불안하게 세상을 바라보고 있는 프란츠 카프카다. 인간이 불안한 존재라는 사실을 알아차린 작가는 카프카뿐이 아니다. 도스토예프스키, 알베르트 카뮈, 장 폴 사르트르, 우리나라의 손창섭, 장용학 등 일일이 열거할 수 없을 정도다.

그렇다고 유명한 작가들만이 불안을 알아차린 것은 아니다. 셀 수 없을 정도로 많은 작가들, 특히 현대의 작가들이 자신의 내면에 뿌리를 내리고 있는 불안을 알아차리고 글로 쓰고 있다. 또한 많은 사람들이 불안을 알아차리고 불안에 대해 일기로, 편지로 쓰고 있다. 그러면서 불안을 없애려고 애를 쓴다.

그러나 불안은 쉽게 극복될 수 없는 것이다. 프란츠 카프카는 불안에 시달리다 폐결핵에 걸려 불행한 삶을 마감했고, 도스토예프스키 역시 불안에 시달리다 도박에 빠져 불행한 삶을 살다 갔다. 불안에 시달리며 불행한 삶을 살다간 사람은 작가들뿐 아니라 예술가, 학자, 정치인, 기업인, 연예인, 세계 최고의 억만장자까지 그 수를 셀 수가 없다.

삶이 힘들고 어려운 이유는 불안 때문이 아닐까?
도대체 이 불안은 어디에서 오는 것일까?
불안으로부터 벗어날 방법은 없는가?

이러한 문제에 대한 답을 찾기 위해서는 먼저 학자들의 연구를 탐구할 필요가 있을 것이다. 학자들은 각자의 전문분야에서 우리들 삶의 문제에 대해 근원적으로 파고드는 사람들이기 때문이다. 그들의 연구결과는 문제의 답을 찾아가는 길의 훌륭한 표지판이 될 수 있다. 명상하는 글쓰기가 불안이라는 문제에 대한 답이 될 수 있다는 것을 가정하고 조심스럽게 발걸음을 앞으로 옮겨보자.

우리는 인간이기 때문에

인간은 뇌의 거대한 능력 덕분에 현대의 풍요로운 세상을 열 수 있었지만,
반대로 인간의 불안 역시 커졌다고 학자들은 강조한다.

우리는 많은 것을 알고 있고 매 순간 많은 일을 하고 있지만
가장 중요한 것을 빠뜨렸다. 우리는 쓸모없는 것은 너무도 많
이 알고 있지만 정작 가장 중요한 우리 자신은 알지 못한다.

톨스토이는 우리들 자신에 대한 무지에 관해 이렇게 글로 썼
다. 톨스토이는 도스토예프스키와 같은 시대에 활동했던 작가로
19세기 러시아 문학의 양대 산맥을 이룬다. 톨스토이는 도스토예
프스키처럼 불안에 쫓기면서 살지 않았다. 돈 때문에 억지로 글을
쓰지도 않았다. 젊은 시절 방황 이후, 풍요롭고 충만한 삶을 살았

다. 말년에는 삶이란 무엇인지 깊이 탐구했고 사랑과 행복, 신성으로 충만한 삶으로 가는 길을 글로 남겼다.

그는 '나' 자신이 누구인지, 무엇을 해야 하는지 알아야 한다고 강조한다. 톨스토이의 글은 마하트마 간디의 정신적 지주 역할을 하는 등 많은 선각자들에게 깨달음의 길을 열었으며, 문학과 예술, 철학, 교육, 국가, 사회에 커다란 영향을 미쳤다. 톨스토이의 문학과 사상은 근대화 시기 우리의 작가들과 의식구조에도 많은 영향을 미쳤다.

톨스토이가 살았던 시대에 비해 지금은 상상을 초월할 정도로 모든 것이 변했지만, 우리는 여전히 우리 자신에 대해 무지한 채로 살고 있다. 우리는 우주를 탐험하고 소립자의 세계를 들여다보고 있지만, 우리 자신에 대해서는 잘 모른다. 더구나 우리는 자신이 인간이라는 사실을 잊고 살 때가 많다.

우리가 인간이라는 사실을 알고 있는 사람들은 학자들일 것이다. 자연과학자, 의학자, 사회과학자, 인문학자 등 학자들은 연구의 초점을 우리가 인간이라는 사실에 맞춘다. 세세한 연구 분야는 다르다 해도 최종 지향점은 모두 인간을 향한다.

우리 인간에 대해 깊이 있게 연구하는 학자들 상당수는 우리 인간을 진화의 선상에 놓고 보려고 하는 듯하다. 찰스 다윈의 책 『종의 기원』에 나오는 대로 '우리는 생각보다 더 동물에 가까울 뿐 아니라 우리 인간도 동물'이라는 진화론을 인간 연구의 출발점으로 학자들은 보고 있는 것 같다.

학자들은 특히 우리 인간이 진화의 선상에서 두 발로 서서 걷게 된 직립의 결과로 뇌가 크게 발달한 사실에 주목한다. 크게 발달한 뇌의 기능 덕분에 우리는 '기억을 되살리고 상상을 할 수 있는 능력'을 갖게 되었다는 것이다.

그것은 분명히 우리 인간에게 좋은 일일 것이다. 현재 우리가 누리는 모든 과학과 문명의 이기는 뇌의 능력 때문이다. 그런데 그와 더불어서 고통 또한 커졌다. 직립을 하기 위해 척추를 세워야 했고 그 바람에 온갖 질병에 시달리게 되었다. 더 큰 문제는 뇌의 기능에 있다.

하지만 불행하게도 우리는 이런 능력 때문에 두려웠던 사건을 다시 떠올리기도 하고, 상황이 나빠지는 상상을 끝없이 펼치기도 한다.

불안장애와 마음챙김Mindfulness으로 심리치료를 주도하는 심리학자 수전 오실로 박사Susan M. Orsillo와 리자베스 로머 박사Lizabeth Roemer는 인간은 뇌의 거대한 능력 덕분에 현대의 풍요로운 세상을 열 수 있었지만, 반대로 불안 역시 커졌다고 강조한다.

이런 능력은 때때로 우리 뇌를 속여서 위협이 실제로 일어난 것처럼 착각을 일으키기도 한다.

문제는 인간 뇌의 능력이 우리 자신을 속일 수 있다는 연구결과(Gardner.D 2009 The Science of fear)다. 현실이 아니라 상상만으로, 있지도 않은 위협에 '투쟁도주반응Fight or Flight Response'을 하고 또 '경직반응Freeze Response'을 한다는 것이다. 다시 말해 우리를 잡아먹거나 해치는 천적이 나타나지도 않았는데 싸우거나 도망가려고 하고 또 얼어붙는다는 것이다.

　'나' 자신이 스스로를 속일 수 있다는 학자들의 연구결과는 평범한 우리들을 놀라게 할 수 있다. 하지만 지금 현재 일어나지도 않았고, 일어나지도 않은 일로 흥분하거나 고통스러워했던 경험을 떠올리면 수긍이 안 가는 것도 아니다. 잠을 자려고 잠자리에 누웠다가 그만 과거의 나쁜 기억 하나 때문에 두려움과 분노에 떨며 잠을 못 이룬 경험은 또 어떤가. 그렇다면 우리는 우리 스스로 불안을 조작한다는 말인가? 많은 학자들이, 특히 뇌 과학자들이 그렇다고 하니 무조건 부정할 수도 없는 노릇이다.

　어떻든 이 같은 연구결과를 가지고 과거로 돌아가서 카프카나 도스토예프스키에게 말해주고 싶다. 외부에서 타인들과 사건들이 불안을 자극하긴 하지만, 불안은 분명히 우리들 마음속에 있는 것이며, 사실 그 대부분은 마음이, 뇌가 지어낸 허상이라고 분명하게 알려주고 싶다. 그들이 현대의 연구결과를 알게 된다면 그렇게 불안하게 살다 가지는 않았을 것 같다.

　그런데 더 놀라운 연구결과들이 있다. 명상하는 사람의 뇌를 스캐닝한 결과, 두려움과 불안을 주관하는 뇌부위(편도체. 아몬드 모양의 뇌 부위. 뇌의 양쪽 옆 가운데 바로 앞부분에 위치해 있으며 공포와 공격성을 주관한다)의 크기가 감소했으며 공감과 자비와 관련된 뇌부위(측두두정 접합부. 머리의 양쪽 옆면 가운데 꼭대기)가 커졌다는 연구결과다.

50세 명상가의 전전두엽(뇌의 앞부분에 위치하며 기억력, 사고력을 주관하는 기관)을 촬영한 결과, 마치 25세의 젊은이의 것과 같았다는 연구결과도 있으며, 단지 8주간의 명상만으로도 뇌에 확실한 효과를 보인다는 하버드대학교 신경과학 교수 사라 라자르Sara Lazar의 뇌 스캐닝 연구결과도 있다. 이런 연구결과가 모두 사실이라면, 카프카와 도스토예프스키도 얼마든지 불안을 극복하고 풍요롭고 충만된 삶을 살며 훌륭한 작품을 더 많이 쓰지 않았을까?

중요한 것은 우리가 인간이라는 사실과, '기억을 되살리고 상상을 할 수 있는 능력'을 가진 대단한 뇌 때문에 두려움과 불안에 떨수밖에 없는 존재라는 사실을 알아차리는 것이리라. 불안에 떠는 인간인 '나' 자신을 알아차리고 자신을 친절한 연민의 눈으로 바라보는 것만으로도 불안을 넘어설 수 있는 가능성이 충분히 있다는 것이다.

또 한 가지 우리의 '손은 밖으로 나온 뇌'라는 신경외과의사 와일드 펜필드Wilder Penfield 박사의 연구결과에 주목할 필요가 있다. 글을 쓰는 행위는 곧 뇌를 쓰는 일이기 때문이다.

'나'는 '내' 안의 어디에 있을까?

이제 많은 학자들이 자아의식을 일종의 '착각'이라고 인식하고 있다.
학자들 중에는 '나' 즉, 자아는 허구라고 단정적으로 말하는 사람들도 적지 않다.

──────────────── 학자들의 주장에 따르면, 불안은 뇌에서 일
어나는 감정이며, '나'라고 하는 자아 역시 뇌에서 생기는 현상이
라고 한다. '내'가 '나'라고 철썩 같이 믿고 있는 '내'가 무엇인지
알려면 먼저 뇌에 대해 알아야 한다는 것이다.

그런데 학자들은 뇌의 구조에 극히 난해한 한자어를 조립해서
어려운 용어들을 잔뜩 만들어놓았다. 편도체, 측두두정엽, 전전두
엽, 뇌하수체, 시상하부, 외측엽…. 말이 너무 어려워서 일반인은
뇌에 대해 접근하기가 어렵다. 설명을 들어도 무슨 말인지 쉽게
알아차릴 수 없다. 일반인들을 뇌 영역에 접근 금지시키려 일부러

어렵게 만든 것 같다.

　하지만 다행히 학자들 중에는 글을 잘 쓰는 사람도 있다. 글을 잘 쓴다는 것은 어려운 내용을 쉽게 이해할 수 있도록 친절하게 설명해준다는 의미다. 생물학자 리처드 도킨스Clinton Richard Dawkins는 생각을 글로 잘 표현하는 특별한 능력을 갖고 있다.

　그는 자신의 저서 『이기적 유전자』에서 '닭이 먼저냐, 알이 먼저냐'의 논쟁에 대한 답을 찾아주고자 한다. '내'가 '나'를 움직인다고 믿고 있었는데, 사실은 유전자가 '나'를 원초적으로 조종한다고 한다. 그러면서 뇌는 유전자가 우리를 효율적으로 조정하기 위해 만든 도구라고 설명한다. 다시 말해, 몸이 완전히 유전자의 것이 되면 정보전달이 극히 느린 데다 '생각 없이' 본능적으로 움직이게 되기 때문에, 그런 상태에서는 예측불허인 환경에서 생존하는데 한계가 있다는 것이다. 이를 극복하기 위해 유전자에 의해 뇌가 생겨나게 되었고, 뇌가 생겨나게 되면서 지금의 '나'처럼 생각하고 판단하고 행동할 수 있게 됐다는 설명이다.

　리처드 도킨스의 주장을 가만히 듣다 보면 '나'라고 하는 자아의 실체를 간단명료하게 가늠할 수 있다. 자아는 크게 '두 개의 나'로 구성되어 있다. 하나는 원초적인 유전자가 주관하는 본능이고, 또 하나는 뇌가 주도하는 생각과 감정, 판단이다. 리처드 도킨스는 생물학적으로 '나'를 '나'로부터 한발 떨어져서 바라보게 만들어준다. '내'가 바로 '나'를 움직인다고 굳게 믿어왔는데, 유전자와 유전자에 의해 생성된 뇌에 의해 움직인다는 것을 알아차리게 해주는 것이다.

리처드 도킨스의 연구가 숲을 보는 거라면 이제 좀 더 들어가서 나무를 보도록 하자. 이번에는 사회심리학자 브르스 후드Bruce Hood 박사의 주장이다. 브루스 후드 역시 글을 쉽게 잘 쓴다.

자아는 결국, 우리의 뇌가 만들어내는 이야기이다.

'나'란 무엇인지 심도 깊게 연구한 브루스 후드 박사는 '자아'는 결코 고정된 것이 아닌, 뇌와 환경적 요인에 의해 얼마든지 변하고 흩어질 수 있는 가변적인 허상이라고 주장한다. 더 나아가 자아는 본래 허술한 것이며, 하나의 조각에 불과하다고 말한다. 마치 앞에서 언급했던 시인들의 '나'에 대한 통찰이 옳다고 뒷받침해주는 것 같다. 우리 모두 자아를 분명하게 경험하지만 이때 우리가 경험하는 것은 우리를 위해 '뇌'가 만들어낸 강력한 속임수라는 것이다.

받아들이는 사람에 따라서는, '나'를 너무 무시한다는 느낌을 받을 수 있다. 그런데 그의 주장을 파고들면 들수록 부정할 수가 없다. 사실 혹은 사실에 가깝기 때문이다.

거울 앞에 서서 자신의 모습을 찬찬히 쳐다보라, 먼저 왼쪽 눈에 초점을 맞추고 쳐다본다. 이어 오른쪽 눈으로 초점을 이동한다. 무언가 이상한 점을 눈치 챘는가?

브루스 후드 박사는 이 간단한 실험을 통해, 응시의 초점을 왼쪽, 오른쪽 눈으로 번갈아가며 바꾸는데도 눈동자가 왼쪽, 오른쪽으로 움직이는 것을 볼 수 없다고 일깨워준다. 다시 말해 우리가 눈을 움직일 때마다 우리의 뇌가 세상을 보는 시각적 경험을 교묘히 지운다는 것이다. 그러면서 깨어 있는 하루 동안 평균적으로 두 시간가량을 이렇게 사실상 앞을 보지 못하는 상태가 되는데도 우리는 알아차리지 못한다는 것이다. 자아를 만들어내는 인지적 착각을 우리가 알아차리지 못하는 이유가 여기에 있다는 것이다.

부르스 후드 박사의 주장은 정말 헛소리일까? 그렇지 않다. 이제 많은 학자들이 자아의식을 일종의 '착각'이라고 인식하고 있다. 학자들 중에는 '나', 즉 자아는 허구라고 단정적으로 말하는 사람들도 적지 않다. 지금까지 '나'로 살아온 '나'를 현재 분명히 느끼고 있는 '내'가 허구라니…. 참으로 받아들이기 어려운 문제다.

숲을 보고, 나무를 보았으니, 이제 조금 더 깊게 나무 속으로 들어가보자. 인지신경심리학자 크리스 나이바우어Chris Niebauer 박사는 뇌가 크게 오른쪽 뇌와 왼쪽 뇌로 구성되어 있는데, 왼쪽 뇌가 '나'를 만들어낸다고 주장한다.

지금도 수많은 신경과학자들이 신경망 안에서 이곳이다 저곳이다 주장하고 있지만 자아가 어디 있는지 밝혀진 바는 없다.

크리스 나이바우어 박사는 단독으로 존재하는 '나'는 없다고 설명한다. '나'는 단지 좌뇌가 담당하는 패턴 인지의 결과로 만들어진 허상으로 관계나 사건, 개인의 역사라는 맥락에 의해 존재한다는 것이다. 크리스 나이바우어는 다음과 같은 그림을 제시한다.

그림 1　　　　　　　　　'나'라는 허상의 탄생

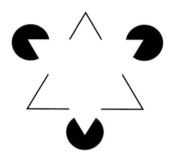

● 크리스 나이바우어, 『자네, 좌뇌한테 속았네』 불광출판사

　　왼쪽 뇌는 이야기를 속삭이고, 설명을 만들어내고, 범주화하며, 아무것도 없는 곳에서 패턴을 찾아내는 것이 특기다. [그림 1]은 왼쪽 뇌가 만들어내는 '나'의 탄생의 순간이다. 왼쪽 뇌가 검은 팩맨과 집게라는 패턴을 경험하면서 역삼각형이라는 가상의 '내'가 있는 것처럼 여기도록 만든 것이다. 검은 팩맨과 집게는 우리가 경험하는 가족, 친구, 학교, 회사, 일, 이야기, 성장사이다. 그런데 실제로 그림의 역삼각형은 존재하지 않는다. 패턴을 찾아내서 이야기를 만들고, 설명하고, 범주화한 덕분에 없는 것이 있는 것처럼 보이는 것이다. 만일 역삼각형의 허상을 있게 만든 패턴이 깨지면

바로 역삼각형은 사라지고 만다. 텅 빈 공간에 파편만 남는다. '나'
는 즉시 사라지는 것이다.

그림 2   '나'라는 허상의 붕괴

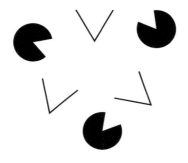

● 크리스 나이바우어, 『자네, 좌뇌한테 속았네』 불광출판사

우리가 '나'라고 생각하는 자아는 단지 환영이다.

크리스 나이바우어 박사는 자아는 단지 환영이라고 설명한다.
크리스 나이바우어 박사의 논리는 맨 앞에 등장했던 노예가 글을
쓰면서 노예 신분의 '나'를 잊고 자유를 누렸던 것을 설명하고 있
다. 또한 곧 '내'가 글에 몰입해서 '나'를 잊고 행복감을 느꼈던 현
상 역시 잘 설명해주고 있는 듯하다. 글을 쓰는 데 몰입하면서 '나'
를 만들었던 팩맨과 집게가 사라졌기 때문에 그런 현상이 나타났
다. 그렇게 보면 '노예'라는 신분도 결국은 팩맨인 것이다.

뇌가 일으키는 착각

'증권투자 역사상 가장 위대한 개인투자자'의 삶이 비극으로 끝난 것은
뇌가 착각을 일으켰기 때문일 것이다. 엄청난 부와 명성을 누리는 것이
오히려 행복한 삶을 가로막았다.

이젠 어쩔 수가 없구려. 모든 게 최악이라오. 난 지쳤소. 더 이
상 버틸 수가 없소.

이 글은 마치 도스토옙스키나 카프카가 절망에 빠진 상태에서
마지막으로 쓴 글 같다. 글에서는 절망 외엔 아무것도 보이지 않
는다. 그런데 이 글을 쓴 사람은 세계 최고의 부자였다. 엄청난 부
를 소유했던 그에게는 '증권투자 역사상 가장 위대한 개인투자자'
라는 화려한 스포트라이트와 찬사가 따라다녔고, 일거수일투족이
언론의 주목을 받았으며, 많은 추종자들이 쫓아다녔다.

그는 세상 부러울 것이 없는 사람이었다. 당연히 행복해야 했을 것이다. 하지만 사실은 불행의 늪에서 말할 수 없는 고통에 시달리고 있었다. 여러 차례의 결혼과 이혼, 가족과의 불화, 우울증과 알코올 중독, 끝없는 소송에 시달리고 있었다.

극심한 고통에 시달리느라 판단력이 흐려진 것일까? 그는 단기간에 거금을 베팅했다가 허공 속으로 날려버린다. 한 순간의 판단 실수로 현재 가치로 2조 원에 가까운 거금을 몽땅 연기처럼 날려버린 것이다. 그는 심한 상실감 속에 뉴욕의 한 호텔에서 '더 이상 버틸 수 없다'는 마지막 글을 쓰고는 권총으로 스스로를 쏘아 생을 마감했다. 아직도 충분히 살아갈 수 있는 집과 돈이 있었는데도 말이다.

이것은 전설적인 투자자 제시 리버모어Jesse Livermore의 비극적 삶의 일화다. 그의 삶이 비극으로 끝난 것은 앞에서 등장한 학자들의 주장대로 뇌가 착각을 일으켰기 때문이었을 것이다.

누구나 행복의 조건으로 돈과 명성을 1순위 목록으로 올려놓는 데 크게 부정할 사람은 없을 것이다. 특히 우리가 살고 있는 이 시대는 돈과 명성에 과도하게 집착하는 것 같다. 명성은 돈을 부르고, 돈은 명성을 다시 만들고, 그래서 행복할 거라고 믿고 있기 때문일 것이다.

그런데 뜻밖에도 그렇지 않다고 주장하는 학자들이 적지 않다. 특히 돈에 대해 연구하는 경제학자들 중에는 돈과 명성이 행복을 가져다주지 못한다고 주장하는 학자들이 의외로 많다. 그 대표적인 경제학자가 경제학의 아버지로 통하는 아담 스미스Adam Smith 다. '보이지 않는 손'으로 경제를 쉽고도 재미있게 설명한 아담 스미스는 행복에는 꼭 돈과 명성이 있을 필요가 없다고 말한다.

건강하고, 빚이 없으며 양심에 거리낌이 없는 사람의 행복에 무엇을 더하겠는가?

아담 스미스는 이런 멋진 글을 남겼다. 마치 권총 자살한 제시 리버모어에게 해주는 충고 같다. 건강하고, 빚이 없으며 양심에 거리낌이 없는 사람은 누구일까? '나'는 아담 스미스의 이 글을 읽으면서 건강하고, 빚이 없이 살고 있는 사람은 떠올릴 수 있었지만, 양심에 거리낌 없을 사람과 직업은 잘 떠오르지 않았다. 그런데 엉뚱하게도 노숙자가 떠올랐다.

이 엉뚱한 생각이 옳다고 동시적으로 맞장구쳐준 학자가 있었다. 바로 심리학자 미하이 칙센트미하이Mihaly Csikzentmihalyi 박사다. 시카고대학교 교수로 탁월한 연구뿐 아니라 읽기 쉽고 이해하기 편한 글로 심리학의 대중화를 이끈 칙센트미하이 박사의 책 『몰입』에는 이런 내용이 등장한다. 인용문이 좀 길지만 시사하는 바가 크니 꼼꼼하게 읽어보자.

레이아드는 33세의 이집트 사람으로, 현재 밀라노의 공원에서 잠을 자고, 자선 단체에서 제공해 주는 음식으로 끼니를 때

우며, 간혹 돈이 필요하면 레스토랑에서 접시를 닦기도 한다. 인터뷰를 하는 동안 플로우 경험의 특징을 열거해주며 이와 같은 경험을 한 적이 있는가라는 질문을 하자 그는 다음과 같이 대답을 했다. (중략) 그러나 인생에서 가장 중요한 것은 자기 자신을 아는 것입니다. 1967년 이래로 저의 꿈은 줄곧 변함없는 한 가지였습니다. 즉 자신을 발견하자는 것이죠. 많은 것들과 힘겨운 투쟁도 해야 했습니다. 전쟁 중이었던 레바논, 시리아, 요르단, 터키, 유고슬라비아를 거쳐 이곳에 도착했습니다. 온갖 종류의 자연 재해도 겪었습니다. 폭풍우가 몰아치는 길옆 도랑에서 잠도 잤고, 사고도 당했으며, 제 눈앞에서 친구가 죽는 것도 보았지만, 저의 집중력은 결코 흔들리지 않았습니다. 지금까지 20년 동안 계속해 온 모험이지만, 남은 제 인생에서도 이 모험은 계속될 것입니다. 이와 같은 경험을 통해서 이 세상은 그리 가치 있는 곳이 못 된다는 사실을 알게 되었습니다. 지금 제게 유일하게 중요한 것은 단 하나, '신'입니다. (중략) 앞으로 제가 20년을 더 살게 된다면, 저는 조금이라도 더 얻으려고 제 자신을 괴롭히지 않고 매순간을 즐기며 살려고 노력할 것입니다. 누구에게도 의존하지 않은 자유인으로 살게 된다면 느긋하게 살아도 괜찮은 것입니다.

레이아드의 인터뷰 내용은 마치 성자의 고백 같다는 생각이 든다. 칙센트미하이 박사는 레이아드의 인터뷰를 예로 들면서 '플로우-Flow'를 설명한다. 플로우란 몰입을 의미한다. 앞서 노예가 중노동에 시달린 후 잠자기 전에 글을 쓰면서 노예 신분의 '내'가 사라지는 현상이 바로 몰입이다.

칙센트미하이 박사는 '몰입'을 '다른 어떤 일에도 관심이 없을 정도로 지금 하고 있는 일에 푹 빠져 있는 상태'라고 말한다. 몰입해 있을 때 '기분이 마냥 고양되고, 행복감을 맛볼 수 있는 상태', 즉 최적 경험Optical Experience 상태이며, 그때 가장 행복하다는 것이다. 오히려 돈, 권력, 지위, 그리고 물질적 소유는 행복이나 삶의 질 향상에 아무런 도움을 주지 못한다고 한다.

그렇다고 우리는 레이아드처럼 고생을 하며 살고 싶지는 않다. 또한 제시 리버모어처럼 살고 싶지도 않을 것이다. 어떻든 엄청난 부와 명성을 누리는 것이 오히려 행복한 삶을 가로막을 수도 있다고 생각할 수 있다. 그래도 '나' 에고는 레이아드보다는 리버모어를 따라가려 할 것이다.

그런데 뜻밖에도 권총 자살을 한 제시 리버모어도 글을 썼다. 하루도 빼놓지 않고 매일 글을 썼다. 이 책의 맨 앞에 등장하는 노예가 글을 써서 하루를 되돌아보고 잠에 들었던 것처럼, 제시 리버모어도 하루 일과를 마칠 때는 꼭 노트 빈칸에 한 글자 한 글자 채워가며 일기를 썼다.

일기를 쓰는 그의 습관은 10대 초반 단돈 5달러를 주식에 투자하면서부터 몸에 밴 습관이었다. 그에게 가장 중요한 시간은 증권 객장에 있는 시간이 아니라 일기를 쓰는 시간이었다. 제시 리버모어는 일기를 쓰면서 실수를 점검하고 모의투자를 하면서 변동성이 큰 주식시장에서 자기만의 길을 찾았다. 그 시간만큼은 완전한 몰입Flow 상태였을 것이다. 그리고 그는 주식시장에서 거대한 부를 창조했다. 칙센트미하이 박사에 따르면 틀림없이 돈이 아니라 일기를 쓰던 그 몰입의 순간이 가장 행복했을 것이다.

생각보다 엉성한 '나'

우리 인간은 작은 손실에 상심하고 괴로워하면서 집착하느라 잘못된 결정을 하고,
그것 때문에 또 후회하고 괴로워한다.

───────── 제시 리버모어처럼 '나'를 없애버리면 정말
모든 것이 완전히 끝나버리는 것일까? 우리는 모든 고통과 괴로움
을 끝내버리기 위해 극단적으로 '나' 자신을 죽이는 일을 감행하
기도 한다. '나'를 없애버리면 모든 것이 한 번에 싹 다 끝나버린다
고 생각하기 때문일 것이다.

그런데 학자들 중에는 전혀 그렇지 않다는 연구결과를 보여주
는 이들이 있다. 주로 정신의학자들이 그렇다. 최초로 전생과 환생
을 연구한 정신의학자 이안 스티븐슨Ian Pretyman Stevenson 박사와
버지니아대학 정신의학 및 신경행동과학과 짐 터커Jim Tucker 박사

의 연구를 보면 죽음이 결코 끝이 아니며 그 고통이 다음 생으로 이어진다는 것을 확인할 수 있다.

이 문제에 대해서는 학자들 사이에도 논란이 있다. 전생과 환생의 문제는 학자들보다 종교인이나 깨달음을 얻은 선각자들에게 묻는 것이 현명할지도 모른다. 하지만 학자들은 학문적으로 입증할 수 있는 사실에 집중하기 때문에 보다 객관적일 수 있다. 이안 스티븐슨 박사와 짐 터커 박사의 연구결과는 극단적인 방법으로 '나'를 없애버린다 해도 모든 것이 완전히 끝나버리지 않는다는 사실을 강력하게 보여주고 있다.

실제로 많은 정신과 의사들이 최면과 전생, 환생의 개념을 정신질환 치료의 방법론으로 도입하고 있는 것이 현실이다. 신경정신과 전문의 김영우 박사는 이미 20년 전부터 전생과 환생을 통해 정신과 질환 치료는 물론 고질병을 치료하고 있다. 그의 책 『전생여행』은 한 번쯤 읽어볼 필요가 있다.

우리가 통념상 알고 있는 것들이 사실과 다를 때 우리는 크게 당황하게 된다. 전생과 환생의 개념도 그렇지만 돈의 개념 역시 그렇다. 앞서 언급했듯이, 우리들이 믿고 따르는 상식과 달리, 경제학자들은 돈이 결코 행복을 가져다주지 못한다는 연구결과를 발표하고, 더불어 인간을 합리성이 부족한 비합리적 존재라고 정의 내리기까지 한다. 학교에서는 '인간은 합리적인 존재로 자신에게 이익이 되도록 생각하고 판단한다고 행동하는 경제적 동물'이라고 배웠던 것 같은데 실제로는 그렇지 않고, '제한적 합리성, 복잡하고 모순된 동기, 잘 속는 특성, 사회화, 심지어 내부적 갈등을 모두 지닌 굉장히 불완전한 존재'(경제학자 장하준)라는 것이다. 도대체 어디에서 인간이 합리적인 존재라고 배웠던 것일까?

우리는 원래 불완전한 존재이므로 애써 결함을 고치려고 수고할 필요도 없다. 인간은 결점이 많은 데다 자연 환경과도 어울리지 않아서, 이러한 결함의 주변을 맴돌 뿐이다.

예기치 못한 경제현상을 '블랙스완'으로 적확하게 설명한 경제학자 나심 니콜라스 탈레브Nassim Nicholas Taleb 박사는 특유의 까칠하고도 매혹적인 문장으로 인간은 고칠 수 없는 결함의 소유자라고 주장한다. 그러면서 경제학 분야의 학자들을 '과학자처럼 옷을 차려 입은 약장수'라고 평가절하하고, 결국은 모두가 결함투성이의 인간이라고 정의 내린다.

경제학자들뿐 아니라 자연과학자, 의학자, 사회과학자, 인문학자 중에도 인간을 불완전한 존재로 보는 학자들이 많다. 특히 많은 심리학자들이 수많은 임상실험결과를 제시하며 우리 인간이 결함을 지닌 존재라는 사실을 알리고 있다.

애리조나대학교 심리마케팅학과 로버트 치알디니Robert Cialdini 박사는 수많은 임상실험 결과를 집대성하고 질서정연하게 정리해 인간이 얼마나 많은 결함의 소유자이며, 따라서 특정한 집단의 특정한 목적의 '봉'이 될 수밖에 없는지 흥미진진하게 설명한다. 인간의 엉성한 심리상태를 상호성의 법칙, 일관성의 법칙, 사회증거의 법칙, 호감의 법칙, 권위의 법칙, 희귀성의 법칙 등 6개의 법칙으로 나누어 설명하면서 인간으로서 '당할 수밖에 없는 현실'을 한탄한다.

막강한 글발로 설득력 있게 설명하는 치알디니의 글을 읽다 보면 '내' 자신이 얼마나 엉성한 인간인지 깨우치게 된다. 그리고 지금까지 살아오면서 '나'의 생각에 의해, '나'의 판단으로 결정을 내렸던 많은 일들이 사실은 특정 집단의 특정 목적을 위한 희생양이 되기 위한 것이었다는 결론에 도달하도록 만든다.

인간이 얼마나 비합리적인 존재인지 극명하게 보여준 학자는 프린스턴대학교 명예교수 다니엘 카너먼Daniel Kahneman 박사와 스탠포드대학교 교수 아모스 트버스키Amos Tversky 박사일 것이다. 그들은 집요한 실험과 연구를 통해 우리 '인간은 합리적이지 못하고 대충 어림짐작Heuristic으로 판단하며 살아가는 존재'라는 사실을 밝혀냈다.

그리고 이 어림짐작을 '빠르고 더럽다'고 지칭했다. 게다가 우리 인간은 작은 손실에 상심하고 괴로워하면서 집착하느라 잘못된 결정을 하고, 그것 때문에 또 후회하고 괴로워한다는 연구결과로 세상을 깜짝 놀라게 했다.

이번 일은 생각을 많이 해서 아주 신중하게 결정했어.

혹시 자신의 에고가 이렇게 주장한다면 한 번쯤 의심을 해봐야 할 것이다. 생각을 많이 하고 신중하게 결정한 것 같아도 사실은 어림짐작으로 결정했을 가능성이 높기 때문이다. 또 누군가의 의도에 의해 만들어진 함정에 빠져 결정했을 수도 있다. '긍정적으로 생각하라'는 수많은 외침이 늘 우리를 배신하는 이유이기도 할 것이다.

'나'를 알아차릴 수 있다면

'나' 자신에 불만이 일어날 때마다 '내'가 인간임을 알아차리고
인간인 '나'를 받아들이면, 마음이 살짝 편해진다.

──────────── 우리가 이렇게 결함투성이 인간이었다니….
지금까지 예시한 학자들의 연구결과는 우리들의 마음을 불편하게
만들고, 에고는 그럴 리가 없다고 부인할 것이다. 적어도 '나'만큼
은 결함이 없거나 거의 없는 존재로 완벽을 추구하고 있다고 항변
할 수도 있다.

또한 지금까지 거론한 학자들의 연구가 잘못된 것이라고 반론
을 제기할 수도 있다. 우리 인간이 세상에서 가장 완벽한 존재라
는 구체적인 연구결과를 내세울 수도 있다.

물론 앞에서 예시한 연구결과들이 주로 인간의 나약한 측면을

밝히는 연구결과일 수 있다. 하지만 인간이 결함투성이 존재인지, 완벽한 존재인지에 대한 논쟁은 그다지 중요하지 않다. 중요한 것은 알아차리는 일이다.

알아차림은 '나' 자신이 인간임을 알아차리는 자각이다. '나' 자신이 인간임을 알아차리게 되면, '내'가 조금 전과는 조금씩 달라지기 시작하기 때문이다. 그것이 변화의 시작일 것이다. '내'가 인간임을 '알아차리지 못했을 때'는 '나'는 항상 불만에 차 있다는 것을 알 수 있다. 불만의 배경은 분노로 주로 '나' 자신에 대한 화다.

오늘도 지각이다. 나는 왜 이 모양일까?
살이 이렇게 찌다니 어떻게 하지? 식탐 때문에… 나는 정말 구제불능이다.
또 핸드폰을 분실하다니 큰일 났다. 정말 나 자신이 한심하다.

에고의 이런 후회와 자기 비난은 일상적으로 되풀이된다. 인간에 대한 지식이 깊은 학자라도 후회와 자기비난은 피해갈 수가 없을 것이다. 조직의 고위직도 말단도, 부자도 가난뱅이도, 노인도 유치원생도, 남자도 여자도, 정도의 차이는 있겠지만 인간은 거의 비슷하다. 후회와 비난의 대상이 지각이나 과체중, 분실 정도라면 그 정도 가볍게 끝날 수 있지만, 일이나 건강, 돈과 관련된 일이라면 어떻게 될까?

이번 프로젝트를 꼭 성사시켜야 했는데… 완전히 망했다. 끝났다.

큰일이다. 건강검진에서 치명적인 결과가 나왔다. 다 내가 잘못 살아온 탓이다.

아파트를 샀어야 했는데, 삼성전자 주식을 샀어야 했는데… 내가 한심한 놈이다.

이쯤 되면, 후회하는 정도가 아니라 자학, 자책을 넘어 자신을 격하게 공격하게 된다. 그리고 자신에 대한 공격은 회사 동료나 가까운 가족이나 지인을 향하고, 고통을 창조하고 불행을 자초하기도 한다. 안타까운 일이지만, 이렇게 시작해서 비극적 일로 끝난 사건 사고들이 언론이나 포털에 뉴스로 등장하는 것이 오늘날의 현실이다.

군이 학자들의 연구결과에 의존하지 않아도 '나' 자신에 대해 관찰을 해보면 '내'가 인간이라는 사실은 거부할 수 없는 일이다. 그런데 묘하게도 '내'가 인간임을 인정하고 나면 '내'가 조금 달라진다. '나' 자신에 불만이 일어날 때마다 '내'가 인간임을 알아차리고 인간인 '나'를 받아들이면, 마음이 살짝 편해진다.

분명 이상한 일이지만, 알아차리고, 받아들이면, 잦은 실수 따위에 대해서 자신에게 화가 나기보다 고개를 끄덕여줄 수 있다. 자학의 칼을 거두고 조금이라도 '나'를 너그럽게 보듬어줄 수 있게 된다.

여성 단독으로는 최초로 노벨 생리의학상을 수상했던 과학자
의 말을 들어보자.

우리 몸은 우리가 짊어지고 다니는 거추장스러운 형식이에
요. 나는 언제나 공정한 관찰자가 되기를 원했어요. 남들 눈에
'나'라고 보이는 이런 식의 육체적 한계를 벗어나고 싶었던 거
지요. 그래서 '내' 이름을 잊어버리는 연습을 했어요.

미국 커넬대학교 교수였던 생물학자 바버라 매클린턱Barbara
McClintock은 '내'가 거추장스러운 몸을 가진 인간임을 알아차리고
있었다고 증언한다. 그녀의 알아차림은 남성 과학자들의 박해와
숱한 실수와 실패에도 불구하고 묵묵히 연구를 지속하게 만드는
힘이 되었고, 결국 오랜 연구 끝에 '유전자 전이현상'을 발견하고
유전자 연구의 발전에 획기적인 계기를 마련했다.

당시 여성 과학자의 존재와 연구를 부정하던 남성 과학자들은
그녀를 '정신 나간 여자'라고 공개적으로 비난하고 연구비를 끊는
등 철저하게 가로막고 괴롭혔다. 그 정도 남성우월주의가 지배하
던 시대에 살았던 여성 과학자였다면, 여자로 태어난 자신을 한탄
하고 세상을 원망했을 가능성이 높다. 그러나 그녀는 인간이라는
형식으로 살아가는 자신을 알아차렸고 묵묵히 자신의 연구에 전
념했다.

또한 그녀는 자신을 가로막고 괴롭히는 타자들에 대해서도 인

간이라는 형식으로 살아가는 존재라는 사실을 알아차리고 연민의 눈으로 바라보았다. 알아차림과 받아들임은 수동적인 듯 보이지만 사실 어느 무엇보다 강하다고 할 수 있다.

언론, 특히 신문과 방송, 인터넷, SNS에서는 우리들에게 멋지고, 완벽하고, 최고이며, 무엇이든 잘해야 한다고 강력하게 암시한다. 방송연예 분야는 물론 시사교양 프로그램에도 멋지고, 완벽하고, 최고이며, 무엇이든 잘하는 듯 보이는 사람들이 등장한다. 서점에도 멋지고, 완벽하고, 최고이며, 무엇이든 잘하는 듯 보이는 사람들의 책이 넘친다. 명상마저도 멋지고, 완벽하고, 최고로 잘해야 한다고 강조하는 듯하다.

지금은 부족하지만 앞으로는 달라져야 한다. 노력해야 한다.
지금 이대로는 안 된다. 더 잘해야 한다.
현재는 이 모양 이 꼴이지만 앞으로는 잘 해야 한다.

이런 자학적 생각이 들 때마다 '내'가 인간임을 '알아차리면' 마음이 편해진다. 계속해서 알아차리게 되면 스스로에게 강요하고 밀어붙이려고 발버둥치던 에고가 조금씩 고개를 숙이게 된다. 알아차리는 것만으로도 조금씩 변화가 시작되는 것이다.

그러나 우리가 살고 있는 이 시대는 너무 빠르고 바빠서 알아차림을 지속하기 힘든 환경이다. 잠시 방심하는 사이 자신에 대한 불만과 분노가 다시 끓어오를 수 있다.

알아차림을 잠시 동안의 알아차림에 머물게 하지 않기 위해 글쓰기를 더하면 좋다. 알아차림에 글쓰기를 더하면 알아차림은 지속되기 시작하며 변화가 시작된다. 알아차림이 있을 때마다 글을 쓰거나 메모를 한다. 잠에서 깨어났을 때나 잠자리에 들기 전에, 아니면 주말에 알아차림을 글로 써놓는다. 알아차림과 글쓰기를 병행한다면 알아차림은 거대한 물줄기가 되어 작은 '나' 에고를 나로부터 떠내려 보낼 것이다.

글로 '나'를 밝히기

글은 알아차림을 지속시키는 연료 역할을 한다. 삶이 힘들고 어려울 때 글쓰기는
'통찰洞察'의 불꽃이자 난관을 극복하는 에너지가 될 수 있다.

—————————— 알아차림과 글쓰기는 불꽃과 연료 같은 사
이다. 알아차림은 불꽃처럼 에고의 어두운 그림자를 밝힌다. 그래
서 불안, 초조, 근심, 걱정, 두려움, 질투, 시기, 원망, 분노, 좌절 같은
그림자들이 활개치려다 멈칫하고 서 있게 한다. 그러나 알아차림
은 불꽃처럼 꺼지기 쉽다. 연료가 계속 공급되어야 꺼지지 않고 타
오를 수 있다. 글쓰기는 알아차림을 지속시키는 연료 역할을 한다.

어리석고 말도 안 되는 억측이며, 비합리적인, 증명되지도 않
고, 증명할 수도 없는!

심혈을 기울여 준비한 결과를 사람들 앞에서 발표를 했는데, 이런 비난을 받는다면 우리는 어떻게 될까? 대부분 치명적인 마음의 상처를 입고 견딜 수 없는 고통에 빠지고 말 것이다.

그런데 우리들의 마음속에는 누군가 상처를 받고 괴로워하는 것을 매우 좋아하고 즐기는 에고가 있다. 누군가의 잘못이나 실수에 대해 비난과 조롱, 그리고 무자비한 공격을 가하면서 잔인하게 웃기까지 한다. 에고들의 집단 따돌림이라는 위험한 놀이에 의해 타깃이 된 사람은 깊은 수치심과 자괴감으로 말할 수 없는 고통에 빠진다. 그리고 마음에 깊게 각인된 고통은 끊임없이 성장을 가로막는다. 삶 전체를 위험에 빠뜨릴 수도 있다.

능력 있는 사람, 성공한 사람, 유명한 사람은 이런 일을 겪지 않을 것이라고 생각할 수도 있지만. 그러나 누구나 다 겪을 수밖에 없는 것이 인간의 운명인 듯하다. 심혈을 기울였던 연구결과에 대해 '어리석고 말도 안 되는 억측이며, 비합리적인, 증명되지도 않고, 증명할 수도 없는' 한심한 연구라는, 가혹한 비판을 받은 사람은 지그문트 프로이트Sigmund Freud다. 프로이트가 누구인가? 정신분석의 창시자라는 사실은 모른다고 해도 그 이름만큼은 어디선가 들어보았을 정도로 유명한 인물이다.

그런데 그런 프로이트도 사람들 앞에서 이렇게 신랄한 비난을 받고 조롱의 대상이 되었으며 완전히 따돌림을 당했었다. 그것도 가장 잘나갈 때였다. 한 시대에서 가장 각광받던 정신과 의사였는데도 그러했다.

너무 잘나갔기 때문에 은밀히 시기하고 질투하던 자들이 기습을 준비했기 때문일까. 동료들로부터 사랑과 존경을 받으며 정신의학 분야의 리더로 떠오르던 프로이트는 '히스테리 병인론'을 발표한 직후, 한순간에 나락으로 떨어지고 말았다. '철없는 과학 동화' 같다는 혹독한 악평 속에 곧 외톨이가 되었고 어두운 동굴 속으로 떠밀려 들어갔다. 보장된 듯했던 대학 교수의 기회도 잃었다. 연구 지원도 모두 끊겼다. 당장 경제적 어려움에 처했고, 가족과의 관계도 소원해졌다. 결국 그의 주위에는 아무도 남지 않게 되었다.

마치 외국어로 말하는 사람처럼, 혼자 묵묵히 살아갈 뿐이다.

외로움이 극에 달한 프로이트는 당시 자신의 처지를 이렇게 글로 썼다. 뭔가 모자라고 문제가 있는 사람들이나 이런 어려운 처지에 처해질 거라 생각했는데, 중년이 되기 전에 이미 세계적인 정신분석학자로 추앙받으며 수많은 추종자들에 둘러싸여 있던 인물이 한순간에 이렇게 낭떠러지로 떨어질 수 있다니, 인간의 일이란 알 수가 없는 일이다. 그런데 아무도 자신의 말에 귀 기울여주지 않기에 '외국어로 말하는 사람처럼, 그저 묵묵히 살아가야' 했던, 그 극단적 위기의 상황에서 프로이트는 글을 썼다.

이 정도 극심한 따돌림에 빠지면 무기력 속에 술이나 약물, 식탐, 게임, 도박 등 원초적인 자극에 빠져 시간을 보내기 십상이다. '나' 역시 막중한 프레젠테이션에 실패하고 따돌림에 처했을 때,

주체할 수 없는 슬픔과 수치심, 분노에 사로잡혀 술로 세월을 보냈던 적이 있다. '내' 주변의 지인들도 비슷한 일을 겪게 되었을 때 99% 술에 의존했던 것 같다. 그런데 프로이트는 글을 썼다. 글쓰기에 완전히 몰입했다.

프로이트는 어린 시절부터 글쓰기를 좋아해서 시간이 날 때마다 글을 썼다고 한다. 특히 주변의 인물들을 묘사하는 글을 잘 썼는데, 짧은 글은 물론 한 편의 소설이 될 정도의 긴 글도 썼다고 한다. 그가 늘 글을 가까이 두고 살았기 때문이었을 것이다. 극단적인 따돌림을 당하던, 힘들고 어려운 상황에서도 글에 의존해서 버텨나갔다. 그리고 그때 쓴 글들은 마침내 한 권의 책이 되었고, 결국 그를 다시 일어서게 만드는 발판이 되었다.

당시 나는 고독이 극에 도달해 있었다. 옛 친구는 모두 잃었고 새 친구는 아직 생기지 않은 상황이었다. 아무도 나를 주목하지 않는데, 그나마 글을 계속할 수 있었던 건 오기 때문이기도 하려니와 『꿈의 해석』 집필을 막 시작한 참이었기 때문이다. 다른 한편으로는 그런 시기를 살아내고 견뎌내서 나는 긍지와 행복감을 느꼈다.

프로이트는 자신의 고통스럽던 시기에 대해 이렇게 회고했다. 가장 힘든 시기에 완전히 고립된 채 글을 썼고 결국 정신분석의 기념비적인 책을 탄생시켰단 것이다. 그는 다시 정신분석의 선도

자로 당당하게 복귀하게 된다. 그리고 자신에 대한 집단 따돌림과 고통의 시간을 '찬란한 고립' '영광스런 영웅시대'라고 지칭하기도 했다. 프로이트를 통해서 우리는 집단 따돌림 같은 극한 어려움에 처했을 때 어떻게 극복할 수 있는지 답을 찾을 수 있다.

에고가 좋아하는 무기력이나 술, 약물 같은 중독적인 것들에 휘둘릴 것인가? 아니면 에고보다 큰 힘으로 극복할 것인가?

삶이 힘들고 어려울 때 글쓰기는 '통찰洞察'의 불꽃이자 난관을 극복하는 에너지가 될 수 있다. 통찰은 꿰뚫어 보는 것이다. 그런데 꿰뚫어 보는 곳이 밝은 세상이 아니라 어두컴컴한 동굴洞窟 속이다. 동굴 속은 아무것도 보이지 않는다. 통찰의 '통'이 동굴을 의미하는 한자어 '통洞'인 이유는 어두운 동굴 속에서 보는 것察이기 때문이다. 프로이트의 역작은 화려하게 조명을 받으면서 탄생했던 것이 아니라 어두컴컴한 동굴 속에서 글을 연료로 통찰의 불꽃을 피운 것이다.

'나'를 삶에 내맡길 수만 있다면

삶을 계획하고 준비하고 노심초사하면서 머리를 굴리기보다
'나'를 큰 힘에 맡기는 것, 그리고 꽤 무모해 보이지만 달려드는 것이다.

돈이 없다는 건 느꼈지만 가난하다는 느낌은 전혀 경험해보지 못했어요.

도스토옙스키처럼 가난했지만, 도스토옙스키와 완전히 다른 삶을 살았던 신화학자 조셉 캠벨Joseph Campbell은 저서 『신화의 힘』에서 가난의 체험에 대해 이렇게 말한다. 캠벨은 실업자 신세를 면치 못하던 몹시 가난하던 시절, 민속학자 레오 프로베니우스에게 끌려서 책을 통해서 그의 지식을 모두 전수 받겠다고 마음먹었다. 그는 프로베니우스의 책 목록을 모두 찾았다. 하지만 목록만

손에 들었을 뿐, 가난한 자가 책을 살 돈이 어디에 있겠는가. 그러나 캠벨은 막무가내로 책 판매업자에게 편지를 보내서 책을 모두 공짜로 볼 수 있게 해달라고 부탁했다. '아니면 말지' 하는 마음이 강했으리라. 그런데 뜻밖에도 책 판매업자가 읽고 싶은 책을 모조리 보내준 것이었다. 취직을 하면 갚으라고. 그것뿐이 아니었다. 캠벨은 이런 무모한 방식으로 거의 무료에 가까운 돈으로 방을 얻고 숙식을 해결했다.

늘 보이지 않는 손이 나를 따라다닌다는 생각을 하기 때문에

캠벨은 '천복'을 쫓았기 때문에 '보이지 않는 손'이 늘 자신을 도와주기 위해 따라다녔다고 믿었던 것 같다. 쉽게 믿어지지 않은 말이다. 하지만 신화에서 삶의 의미를 찾는 신화학자로 살다간 그의 삶을 보면 믿지 않을 수도 없는 일이다. 그렇다고 현실이 따라주지 않는데도 과연 다 내맡기고 천복을 쫓을 수 있을까? 캠벨처럼 '나'를 완전히 내맡기고 천복을 쫓는 일은 어려운 일일 것이다. 캠벨 말고 그럴 용기가 있는 사람이 누가 있을까?

하지만 용기를 내서 도전해보면 캠벨식 '막무가내 천복 쫓기'가 아주 허무맹랑한 것은 아니라는 것을 경험할 수 있다. 한번 테스트해본다는 심정으로 아주 불가능한 일로 여겨지던 문제들에 막무가내로 달려들었더니 뜻밖에도 너무 쉽게 해결된 경험도 적지 않았다.

돌이켜보면, 바쁘기로 유명한 회사에서 직장생활을 하던 '내'가 작가가 되겠다고 무작정 글쓰기를 시작했던 것도 '캠벨식 막무가내 도전'이었던 것 같다. 물론 기적 같은 일이 노상 있는 것이 아니라 어쩌다 일어나서 그렇지, '충분히 가능한 무모함'이라고 할 수 있다. 특히 거창하지 않은 소소한 일에서는 얼마든지 내맡기고 얻을 수 있었다. '동시성'이라고 할 일들이 분명히 일어나곤 했다.

지원자의 전공은 경영학과, 경제학과, 통계학과에 한함, 원서접수는 3년 이상 해당분야 경력자로 제한함. 박사학위 소지자 우대. '나'는 취업을 앞두고 이런저런 조건 앞에서 기죽어 있는 제자들에게도 '캠벨식 막무가내 도전'을 부추기곤 한다. 절대 기죽지 말고 자기소개서와 자신의 특별함을 입증할 수 있는 포트폴리오를 첨부해서 들이밀어 보라고 강조한다.

그렇게 용기를 내서 막무가내로 원서만 받아달라고 부탁해서 접수를 했는데, 정말로 최종면접까지 올라가고, 합격이라는 놀라운 결과를 받아들고는 감사하다며 찾아오는 제자들이 적지 않았다. 사실은 '나'에게 감사할 일이 아니라 캠벨에게 감사할 일인데.

나는 하고 싶은 일은 평생 하나도 해보지 못하고 살았어.

캠벨은 『신화의 힘』에서 현대인의 삶을 예로 들면서 이런 말을 자주 반복한다. 돈과 가족부양이라는 현실에 얽매인 현대인들의 마음속 말을 그대로 옮긴 듯한 한 마디다. 이 말은 토마스 엘리엇의 시 '황무지'에 등장하는 시 구절을 인용한 것인데, 한번 '해보지도 않고' 포기하는 것에 대한 변명이리라.

캠벨은 천복을 누리며 살기 위해서는 "삶에 '나'를 내맡기고 달려들어야 한다"고 강조한다. 삶을 계획하고 준비하고 노심초사하면서 머리를 굴리기보다 내맡김, 즉 매순간 편협한 '나'를 큰 힘에 맡기는 것, 그리고 꽤 무모해 보이지만 달려드는 것이다. 삶을 계획하고 준비하고 노심초사하면서 머리를 굴리는 일은 에고가 제일 좋아하는 일인데, 그 반대로 하라는 것이다.

캠벨의 말은 나이키 광고에 등장하는 'Just Do It'이라는 카피를 연상시킨다. 'Just Do It'의 의미 역시 '이것저것 생각하지 말고 일단 해보는 것'이니 어쩌면 광고 제작자가 캠벨에게서 영감을 받았는지도 모를 일이다.

'나'를 괴롭히지 않는 글쓰기

강박적 글쓰기가 습관이 되면, 정작 작가가 된 후에는 글쓰기가 지옥이 된다.
작가들 중에는 글쓰기를 하늘이 내린 천벌이라고 괴로워하는 경우도 있다.

──────────── 지금까지 거론한 학자들의 연구결과를 되
새겨보면, '나'는 불안하고, 나쁜 과거의 기억에 붙들려 있고, 대비
할 수 없는 미래를 대비하느라 집착하고, 스스로를 속이고, 착각하
고, 결함이 있고, 어림짐작으로 실수를 하고, 고통에 민감하고, 현
재 있지도 않는 허상을 창조해서 스스로를 힘들고 고통스럽게 만
든다는 것을 알 수 있다. (가능하면 글을 잘 못 쓰고 어렵게 설명하는 학
자들보다는 글을 잘 쓰는 학자들을 예로 들어 설명하려고 했다.)

그런 '나'로 인해 힘들고 고통스럽게 되지 않기 위해서는 매 순
간 알아차림을 하고 글쓰기를 동반하면 좋은데, 문제는 글쓰기도

에고가 주동하면 괴로운 일이 될 수 있다는 것이다.

대개 글을 쓴다고 하면 몇 시에서 몇 시까지 일정한 시간을 설정하고 하루 한 시간, 혹은 2시간, 정해진 시간에 꼬박꼬박 써야 한다고 생각하기 쉽다. 그렇게 해야 한다고 강조하는 글쓰기 강의나 책도 적지 않다.

그래서일까? 규칙, 지속, 성실, 열심…, 이런 것들이 머릿속에서 강박을 조장한다. 에고는 무의식적으로 그렇게 해야 한다고 믿고 있고 스스로를 강제한다. 그런데 강제하는 일은 꼭 저항을 부른다. 마음 한쪽에서는 강제로 해야 한다고 강요하고, 다른 한쪽에서는 못하겠다고 저항한다. 글쓰기가 스스로를 괴롭히고 고통을 주는 원인이 되는 것이다.

의지가 아주 강한 사람이 아니라면, 무턱대고 책상에 앉아 노력하는 것만으로는 글쓰기가 되지 않는다. 앞에서 언급했던 '나로부터 한발 떨어지기' '질문하고 답하기' 같은 작법도 잘게 나눈 시간 앞에서는 무용지물이 되고 만다. 시간에 맞춰 글을 쓰다 보니 어제와 오늘, 내일 글쓰기의 맥락이 뚝뚝 끊어져서 계속 도돌이표를 찍게 된다. 마음에도 들지 않고, 다시 읽어보면 처음부터 다시 써야 하니, 쓰지 않은 것만 못하다.

그러다 보니 워드프로세서 화면만 바라보거나 낙서를 하면서 시간만 낭비하게 된다. 그 결과는 항상 자신에 대한 원망과 비판이리라. 스스로 강요해서 억지로 글을 써서는 안 된다.

강박적 글쓰기가 습관이 되면, 정작 작가가 된 후에는 글쓰기가 지옥이 된다. 실제로 글쓰기를 하늘이 내린 벌이라고 괴로워하는 작가들이 '내' 주위에 적지 않았다. '나'를 괴롭히지 않는 글쓰기의 답을 준 분은 피터 드러커Peter Drucker였다. 피터 드러커는 경영학의 구루로 통하는 세계적인 경영학자다. 답은 명문장으로 가득한 피터 드러커의 글 속에 친절한 모습으로 숨어 있었다.

예를 들면, 초안을 잡는 데에만 하루 6시간 내지 8시간이 소요된다. 그 일에 한 번에 15분씩 하루에 두 번 할애하여 14일간 총 7시간을 들이는 것은 아무런 의미가 없다. 매번 얻는 것은 낙서로 가득한 메모지뿐이다.

피터 드러커는 '내'가 거의 매일 붙들고 늘어지면서도 진도가 전혀 나가지 못하는 글쓰기의 문제를 족집게처럼 정확하게 지적하고 있었다. 즉 시간을 정해서 규칙적으로 매일 글을 쓰는 것은 의미가 없다는 것이다. 우리는 학창시절 무엇이든 규칙적으로 지속하는 것이 중요하다고 배웠다. 그런데 그것이 문제였다. 글쓰기를 학교식 전체주의의 틀 속으로 억지로 쑤셔 넣었던 것이다. 그래서 힘들었던 것이다.

그러나 만약 문을 걸어 잠그고 전화 코드를 빼놓은 채 방해받지 않고 연속으로 5시간 내지 6시간 동안 보고서 작성에 전력투구한다면, 내가 이름 지은 소위 '제로 드래프트zero draft'를 완성할 수 있을 것이다. 그 다음부터는 비교적 시간을 잘게 쪼개고 원고를 장별로 나누어 다시 쓰고, 교정하고 그리고 편집 작업을 할 수 있다.

피터 드러커는 '시간을 짧은 단위로 나누어서 글을 쓰게 되면, 전체 시간의 양이 아무리 많을지라도 소기의 목적을 달성하는 데에는 불충분하다'며 최초에 '묶음시간'을 만들어 쓰라고 강조한다. 물론 피터 드러커는 주로 논문이나 보고서를 쓰는 것에 대한 방법을 논하는 것이었다. '나'는 실험적으로 피터 드러커의 '제로 드래프트' 방법을 글쓰기에 적용해보았다. 실제로 어떤 글이든 다 잘 적용되었다.

5~6시간은 너무 많고, 3~4시간 정도 최초의 초안을 잡는 글쓰기에 시간을 투자하고, 그 다음부터는 하루 20-30분 정도 다시 쓰는 작업에 들어갔다. 묶음시간을 시작하는 초기에만 약간 힘들었을 뿐, 곧 몰입이 되어 시간이 행복하게 금세 지나가는 데다, 그 이후로는 하루 20~30분 정도 쓰기만 하면 될 정도로 가뿐해지는 것이었다. 반복하다 보니 원고가 완성될 단계에는 하루 단 5분만으로도 충분했다.

그러자 글을 써야 한다는 강박이 사라졌다. 글쓰기 이전부터 써야 하는데 써야 하는데 하며 스스로 스트레스를 쌓던 습관이 사라졌고, 책상에 앉아 글이 나오지 않는다고 끙끙댈 일이 없었다. 글쓰기가 즐거워졌고 행복했다. 물론 최초의 묶음 3~4시간은 책상에서 스마트폰이나 태블릿 등을 모두 치워버려야 한다. 통화나 채팅, SNS도 모두 무시한다. 청소나 식사, 설거지는 미리 해두거나 미뤄놓아야 한다.

묶음시간에 집중해서 제로 드래프트를 쓰고 그 다음부터는 시간을 잘게 나눠서 쓰는 획기적인 글쓰기 방법을 '나'만 알고 있기에는 아깝다는 생각이 들었다. 소설, 에세이에서 칼럼뿐 아니라 카피라이팅, 기획서, 보고서를 쓰는 데도 대단히 효과적이었다. '나'는 대학뿐 아니라 기업의 창의적 글쓰기 강의에 제로 드래프트 방법을 강의했고 실습에 적용시켰다. 그러자 수강생들 모두 창의적 발상은 물론 글쓰기 능력이 크게 도약했다. 대학생뿐 아니라 기업의 임직원들도 글쓰기에 대한 자신감이 생겼다고 고마워했다.

피터 드러커는 실제로 '제로 드래프트'로 책과 논문과 보고서를 썼고 소설까지 출간했다. 이성과 합리성을 추구하는 경영학자가 소설 같은 예술적 글쓰기를 해서 책을 냈다고 하면, 사람들은 혹시 같은 이름의 다른 사람인가 의아해하기도 한다. 하지만 제로 드래프트라는 노하우를 체득하고 창안한 그는 모든 글쓰기를 즐겼으며, 어떤 장르의 글이든 다 잘 썼다. 실제로 피터 드러커의 저서들은 한결 같이 쉽고 재미있게 읽히며 읽는 즐거움과 함께 두툼한 지식을 얻는 기쁨을 누릴 수 있다.

경이적 모멘트라는 도끼

'경이적 모멘트'는 박물관식 지식과 고정관념을 파괴하고
처음부터 새롭게 창조하고 개척해나간다. 위대한 작가들뿐 아니라 창의적인 학자,
능력 있는 기획자들이 즐겨 사용한다.

──────── '나'에고가 일으키는 온갖 생각의 회오리
바람을 어느 정도 알아차릴 수 있고 글쓰기로 뒷받침하고 있다
면, 또한 제로 드래프트를 위한 묶음시간을 충분히 낼 수 있다면,
게다가 일기와 편지를 꾸준히 써왔다면, 이제 일기와 편지 글쓰
기에서 한 단계 도약을 시도해보자. 도약의 첫 단계는 '카프카처
럼 글쓰기'다.

카프카처럼 글쓰기는 '나로부터 한발 떨어지기'와 '질문하고
답하기'를 포괄하는 최고의 기법이자 작법이다. 얼마든지 카프카
의 플랫폼을 활용해도 좋다. 수많은 작가들이 그리스신화의 기법

과 작법을 따라하는 것과 크게 다르지 않다.

'카프카처럼 글쓰기'에서 가장 중요한 것은 첫 문장이다. 시작하는 첫 문장을 도발적으로 잘 써낸다면 글이 되기 시작한다. 카프카의 〈변신〉에서 맨 처음 만나는 문장을 보자. 첫 문장부터 충격적으로 시작한다.

어느 날 아침 그레고르 잠자가 불안한 꿈에서 깨어났을 때 그는 침대 속에서 한 마리 흉측한 갑충으로 변해 있는 자신의 모습을 발견했다.

핵심은 이렇게 카프카처럼 첫 문장을 신선한 충격으로 시작하고 나서 글이 스스로 나가도록 길을 만드는 것이다. 한번 시도해보자. 상상력을 마음껏 날려보자.

어느 날 아침 내가 잠에서 깨어났을 때 갈매기로 변해 있는 나 자신의 모습을 발견했다.
일요일 오후 늦잠에서 겨우 깨어나 욕실 거울 앞에 섰을 때 나는 경악하고 말았다. 내가 기린의 모습을 하고 있는 것이었다.
버스에서 꾸벅꾸벅 졸다가 엉덩이가 자꾸 가려워서 만져보니 엉덩이에 꼬리가 달려 있는 것이 아닌가?

이렇게 글을 시작하면 그 다음은 어떻게 써야 할지 마음이 흥분을 해서 요동칠 것이다. 이렇게 한 줄만 써놓으면, 글을 쓰지 않을 때에도 온갖 상상력이 쉬지 않고 떠올라 글을 쓰라고 노래를 부를 것이다. 이런 글쓰기 기법을 '경이적 모멘트' 작법이라고 한다.

한번 실험적으로 경이적 모멘트로 시작하는 글 한 줄만 써놓고 글쓰기를 멈춰보자. 그리고 다른 일을 해보자. 일을 하는 중에도 자꾸 경이적 모멘트로 시작한 첫 줄이 떠오를 것이다. 시작을 그렇게 별나게 시작했으니 어떻게 풀어가야 하나, 계속 궁리를 하고 있는 자신을 발견할 것이다. 영감을 부르는 것이다. 결국, 글이 나로 하여금 글을 쓰게 만든다.

기-승-전-결이나 서론-본론-결론이라는 박물관식 지식 때문에 우리는 대개 습관적으로 스스로를 '벽에 가두는 글쓰기'를 하려고 한다. 고정관념이 강력하게 작동하기 때문이다. 그래서는 글쓰기가 무척 힘들다.

'경이적 모멘트'는 그런 고정관념을 파괴하고 처음부터 새롭게 창조하고 개척해나간다. 그래서 '경이적 모멘트' 작법은 시나 소설, 수필, 시나리오의 위대한 작가들이 즐겨 사용한다. '경이적 모멘트'는 위대한 작가들뿐 아니라 창의적인 학자의 논문에서도 또 능력 있는 기획자의 기획서나 보고서에서도 볼 수 있다.

사람은 왜 존재하는가? 리처드 도킨스, 『이기적 유전자』

하늘로 솟은 모스크 나심 니콜라스 탈레브, 『행운에 속지 마라』

고래는 왜 바다로 갔을까? 마케팅 프레젠테이션 기획서

경이적 모멘트는 시작부터 독자 혹은 오디언스Audience로 하여금 충격을 준다. '이제 시작합니다' 하고 시작해서 천천히 본론으로 들어가는 방식을 거부하고 처음부터 문제를 제기하고 답을 향해 휘젓고 다닌다. 그러다 보니 글이 살아 있고 생동감이 넘친다.

'경이적 모멘트'가 글을 살아 있게 만들고 생동감 넘치게 만드는 까닭은 '비선형'이기 때문이다. 비선형은 원인과 결과라는 우리들 사고의 연쇄적 고리를 단번에 깨뜨린다. 원인과 결과가 과거-현재-미래로 직선으로 나가는 것이 아니라 곡선으로 움직이다 원을 그리고 다시 뒤로 돌아 맞물린다. 그래서 과거, 현재, 미래가 동시에 존재한다. 전혀 정형화되어 있지 않다.

그렇다고 꼭 비선형이 무엇인지 이해할 필요는 없다(나중에 언급할 것이다). 글을 쓸 때 처음부터 경이적으로 시작하는 것이다. 이 방법은 카프카의 '변신'이라는 소설이 가장 좋은 표본이 된다. '경이적 모멘트'라는 글쓰기 작법을 완벽하게 사용한 카프카를 되돌아보면, 카프카는 불안에 떨며 고통스럽게 살아간 작가가 아니라, 독자들을 놀라게 하고 웃게 하고 눈물 나게 만드는 일을 유쾌하게 즐긴 영리한 작가라는 생각이 든다. 물론 카프카의 에고는 불안했겠지만 글을 쓰는 순간만큼은 분명히 에고는 사라지고 행복한 몰입상태였을 것이다.

알아차림을 위해 가부좌명상이 가장 좋기는 하지만, 글쓰기명상과 걷기명상도 좋다. 글을 쓰면서 마음의 종잡을 수 없는 움직임을 차분하게 가라앉히고, 고요와 평화의 상태에 머물 수 있다. 또한 길을 걸으면서 발밑으로 보이는 질경이, 민들레, 토끼풀 꽃을 바라볼 때, 멀리 석양을 빨갛게 물들이는 일몰을 바라볼 때, 밤하늘에 신비하게 떠 있는 초승달을 바라볼 때 저절로 명상상태에 이를 수 있다. 산책을 할 때나, 지는 해를 바라볼 때, 새들의 지저귐을 들을 때, 대중교통을 이용하며 무뚝뚝한 표정으로 서 있는 사람들을 바라볼 때도 알아차림 명상을 할 수 있다. 에고가 발광하는 맛있는 식사시간에도 얼마든지 알아차림 명상을 할 수 있다.

PART 3

앎에
대하여

'과학적으로'는 설명할 수 없는

하지만 정작 죽음의 순간, 그녀는 엄청난 자유와 해방감, 평화를 느끼면서 자유를
만끽하고 있었다. 몸은 죽어갔지만 의식은 또렷하게 깨어났다.

——————————— 그녀는 죽어가고 있었다. 의사는 이미 죽은
상태나 다름없다고 판단했다. 그런데 이상했다. 죽음 가까이에서
모든 것이 명징해지는 것이었다. 죽음을 바로 코앞에 두고서 인지
능력은 오히려 강해졌다. 분명히 죽은 상태나 다름없는데 주변에
서 무슨 일이 일어나는지 전부 알 수 있는 전지적全知的 앎이 일어
났다. 주변을 둘러싸고 있는 모든 사람의 마음속 작은 느낌까지도
알아차릴 수 있었다.

의사는 암이 몸에 퍼져서 장기도 모두 멈춰버렸고 살 가능성이
없다고 선고했고 가족들은 큰 슬픔에 빠졌다. 하지만 정작 죽음의

순간, 그녀는 엄청난 자유와 해방감, 평화를 느끼면서 자유를 만끽하고 있었던 것이다. 몸은 죽어갔지만 의식은 또렷하게 깨어났다. 자신이 점점 확장되어 모든 공간을 꽉 채웠고 다른 모든 것과의 사이에 경계가 없는 지경까지 커져갔다.

병들고 죽어가는 내 몸에서 풀려났다는 기쁨, 병이 내게 준 그 모든 고통에서 풀려났다는 환희에 넘치는 해방감이었다.

그녀는 이렇게 환희를 느끼고 있었다. 죽음은 고통이 아니라 자유, 해방감, 평화였다. 거의 모든 사람들이 죽음을 극단적으로 두려워해서 죽음에 대해 털끝만큼도 생각하기 싫어하는데, 정작 죽음을 경험하는 그녀는 해방감과 환희에 차 있었던 것이다. '오로지 장대하고 영광스러운, 무조건적 사랑이라고밖에 표현할 수 없는 무엇이 나를 둘러쌌고 내가 계속해서 모든 걸 놓아가는 동안 나를 꽉 감싸주었으며, 육체의 틀을 벗어나는 아름다운 자유'를 경험했다고 말한다. 그러면서 지상에서의 삶이라는 '악몽'에서 깨어나 '자신의 장엄한 진짜 모습'을 깨닫고 있었다고 증언한다.

죽음의 다리를 넘어가면서 그녀는 이미 세상을 떠났던 아버지와 지인들을 만나고, 또 과거와 현재, 미래를 동시에 느끼면서 전생을 체험한다. 여러 삶이 동시에 일어난다는 실재를 알아차린다. 모든 것은 마치 태피스트리처럼 하나로 연결되어 있었다. 우주 안의 모든 것들, 사람과 동물, 식물, 곤충, 산과 바다, 무생물, 우주까지 하나로 연결된 통합체라는 사실을 알아차린다.

그녀는 말로 표현할 수 없는 기쁨을 느끼며 죽음의 다리를 건넜다. 그리고 힘들고 어려운 지상의 삶으로 다시 돌아가지 않겠다고 결정한다. 계속해서 사랑과 환희, 자유의 상태에 머물고 싶어했다. 그 순간 의사는 그녀의 가족들에게 그녀가 암으로 인한 장기부전으로 사망했다고 알렸다. 그녀는 의사가 그렇게 말할 것까지 다 알고 있었으며 말하는 것이 보였고 들렸다. 가족들이 오열하는 것까지 모두 보고 들었다. 그녀는 가족들에게 슬퍼하지 말라고, 자신은 너무나 행복하다고 말하고 싶었다. 그러나 그녀는 이미 죽어 있었다.

그때 그녀는 아직 지상에서 해야 할 일들이 남아 있다는 메시지를 듣는다. '돌아가는 것이 좋겠다'는 아버지의 충고도 들렸다. 그녀는 잠시 망설이다 아버지의 말을 받아들이고 다시 돌아가기로 마음을 바꾼다. 마음을 바꾸자 그녀는 다시 살아났다. 의사들은 그녀의 환생에 충격을 받고 입을 다물지 못했다.

죽음을 겪고 다시 살아난 그녀는 항암치료가 필요 없다는 것을 알고 있었다. 그러나 의사들은 '자신들을 위해' 그녀의 몸에 독이 되는 항암치료를 강행한다. 그럼에도 불구하고 그녀는 정말로 살아서 다시 건강해졌다.

의사들은 그녀가 죽었다 다시 살아난 기적적인 일에 대해 '과학적'으로 분석하려 했다. 그러나 그것은 '과학적'으로는 알 수 없는 일이었다. 그녀는 이미 많은 사람들이 임사체험을 겪었으며, 다시 지상으로 돌아온 목적을 공유하는 웹사이트가 있다는 사실을 알게 된다. 그리고 자신의 임사체험의 경험을 글로 써서 웹사이트에 올리기 시작한다.

그녀는 죽기 이전과는 완전히 다른 사람이 되어 있었다. 모든 곳에, 모든 것에 존재하는 신성을 보고 알아차렸으며 사랑과 자비를 나누었다. '온갖 동물과 곤충에서도 신성을 보았고, 하다못해 모기 한 마리도 죽이지 못하는' 사람이 되어 있었다. 그녀는 지상의 사람들을 이해할 수 없었다. 무엇보다도 돈과 경제적 문제로 지독하게 스트레스를 받는 사람들을 이해하기 어려웠다.

단지 돈을 위해 다른 모든 것-사랑, 관계, 재능, 창조성, 개성 등등-은 깡그리 무시하고 있는 것이 이해되지 않았다. 즐겁지도 않은 일을 하느라 그토록 많은 시간을 보낸다는 것도 이해되지 않았다.

그녀가 보기에, 사람들은 자신이 진정 누구인지 전혀 모르는 채 마치 꿈을 꾸고 있는 것처럼 행동했다. 그녀는 자신의 경험을 알려주고 싶었다. 주변에서는 책을 내라고 권유했다. 출판사를 찾아가서 문을 두드리라고 했다. 그러나 출판사는 돈이 되지 않는 글에는 관심이 없었다. 가까운 사람들은 출판사는 유명하지 않은 무명인에게는 책을 잘 내주지 않으니 에이전시를 활용하라는 구체적인 제안까지 했다.

하지만 그녀는 아무 말도 하지 않았다. '일이 벌어지도록 나를 허용하기만 하면 모든 것은 그저 펼쳐질 것'이라는 것을 알고 있었다. 기다렸다. 그리고 때가 되자 동시적으로 연결되기 시작했다.

그녀가 웹사이트에 올린 글은 이미 많은 사람들의 가슴을 열고 있었다. 죽음에 대한 두려움 대신 그 너머의 자유와 환희, 기쁨, 평화를 알아차리고 있었다. 그 많은 사람들 중에는 자기개발과 앎, 알아차림, 깨달음에 대한 책을 지속적으로 출간했던 인기 작가 웨인 다이어Wayne Walter Dyer 박사도 있었다.

웨인 다이어 박사는 노환으로 죽음을 앞에 둔 어머니에게 임사체험 웹사이트에서 내려 받은 그녀의 글을 읽어주며 자유와 환희, 기쁨, 평화로운 경험을 연결해주고 있었다. 웨인 다이어 박사의 추천과 권유로 그녀는 웹사이트에 올린 글들을 모아 한 권의 책으로 엮었다. 특별한 글쓰기의 기교나 기술은 전혀 필요 없었다. 체험이 전하는, 있는 그대로 글을 썼다. 영성과 치유의 책으로 유명한 헤이하우스가 출간을 맡았다.

아니타 무르자니Anita Moorjani의 책 『DYING TO BE ME』(국내 출간명 '그리고 모든 것이 변했다')는 죽음을 두려워하면서 아옹다옹 힘들고 어렵게 살아가는 지상의 사람들의 생각을 바꾸고 있다.

누구나 영적인 사람이 될 수 있다

지금은 여러 영적 도구들이 고안되어 있어서 예전과 달리 일반인들도
조심스럽게 진실에 가까이 접근할 수 있다. 수도원이나 산사에 들어가지 않고도
누구나 깨달음의 길로 갈 수 있다.

───────────── 임사체험을 한 사람들은 죽음이 가져다주
는 두려움과 공포, 충격이 엄청난 해방감과 함께 자유, 평화와 환
희로 대체된다고 증언한다. 과학이 지배하는 현대 사회에서는 도
무지 이해할 수 없는 말이다. 과학적 논리에 기반을 둔 학자들은
임사체험을 설명할 수 없다. 그래서 아니타뿐 아니라 무수한 사람
들이 경험하고 증언하는 임사체험을 애써 외면하거나 무시하기도
한다.

그러나 죽음도 그렇지만 임사체험은 특정한 사람만이 경험하
는 일이 아니다. 일반인은 물론, 학자들, 특히 생명과 자연현상을

탐구하는 의학자, 과학자까지 누구나 겪는 일이고 겪을 수밖에 없다.

> 기분 좋은 온기가 느껴지면서 이루 말할 수 없는 평화상태가 찾아왔습니다. 그와 더불어 빛이 퍼져 나가고 무한한 사랑이 존재했습니다.

한 정신의학자는 영하 20도의 강추위와 눈보라를 피해 들어간 눈구덩이 속에서 얼어 죽어가던 임사체험을 이렇게 증언한다. 아니타의 경험처럼 그의 임사체험도 두려움이나 공포가 아니라 따뜻하고 평화롭고 무한한 사랑이었다는 것이다. 가족이 거의 얼어 죽은 상태의 아들을 찾아내서 몸을 흔들었을 때에도 그는 다시 몸으로 되돌아가고 싶지 않았다고 했다.

임사체험을 한 사람들은 이전과 완전히 다른 삶을 살아가게 된다고 증언한다. 또 예전에는 상상하지 못했던 능력을 갖게 된다고 한다. 예술적 창조력이 생겨 예술가의 삶을 살기도 하고, 손으로 불치의 병을 치료하기도 하고, 미래를 보는 예지력과 천리안을 갖게 되기도 하는데, 그 중심에는 한결같이 사랑과 나눔, 기쁨, 봉사의 느낌이 있었다고 말한다. 임사체험을 겪은 과학자들은 자신의 연구 분야까지 완전히 바꾸게 되었다고 한다. 여기서 의문들이 도미노처럼 계속 이어진다.

도대체 임사체험이란 무엇이며, 왜 그런 일이 일어나는가?

죽음이 해방감과 자유, 평화, 환희라면 왜 모두들 죽음을 그렇게도 두려워하는가?

죽음 너머에는 무엇이 있는가?

이 같은 의문들은 꼬리를 물고 이어지다가 다시 처음으로 되돌아가서 '나'와 마주치게 된다.

그렇다면 삶과 죽음을 경험하는 '나'는 누구인가?

2장에서 살펴보았듯이 학자들의 연구는 '나'를 이해하는 데 많은 도움이 된다. 하지만 이러한 질문에 대한 답은 학자들의 연구에서는 찾을 수 없었다. 전생을 탐구하는 이안 스티븐슨 박사나 짐 터커 박사, 스타니슬라프 그로프Stanislav Grof 박사 같은 학자들의 연구결과에서는 실마리를 찾을 수 있을지언정 자아가 현재 겪고 있고 앞으로 겪어야 할 삶과 죽음에 대해서는 정확한 답을 찾을 수는 없다. 그들은 비주류라고 놀림을 받기도 한다.

그러나 학자들 역시 자아가 겪어야 하는 삶과 죽음 앞에서 우리와 조금도 다르지 않다. 그렇다면 이제 더 이상 답을 말해줄 사람은 찾기 어려울 것 같다. 있다면…, 아마도 깨달음에 이르고 앎에 도달한 선각자들이 아닐까? 선각자들은 기원전부터 지구상 어디에나 존재했으며 심한 박해 속에서도 인류를 올바른 삶의 길로 안내해왔었다.

그런데 누가 선각자일까? 누가 진짜 깨달은 선각자인가? 알 수 없다. 알 수도 없지만 어렵게 찾는다고 해도 함부로 찾아가서 질문을 할 수도 없다. 하지만 다행스럽게도 우리는 지금 영성과 깨달음, 앎에 대해서 완전히 오픈되어 있는 시대에 살고 있다.

무엇보다도 선각자들이 책을 영성을 전하기 위한 주요한 도구로 삼고 있기 때문에 책을 통해 깨달음의 길을 따라갈 수 있다. 또한 영적 수행의 길을 가는 많은 수행자들이 인터넷, SNS 등 다양한 뉴미디어를 통해 앎의 샛길을 만들어주고 있기 때문에, 조금이라도 더 아는 수행자와 질문을 주고받을 수도 있다. 게다가 영적인 삶을 추구한다고 해서 더 이상 이상한 사람이라고 손가락질하지도 않으며, 마녀사냥을 하지도 않는다.

수도승이 아니더라도 얼마든지 영적인 사람이 될 수 있다.

달라이 라마는 이렇게 평범한 사람의 영적 깨달음을 위한 여정에 용기를 더해주는 말을 공공연하게 하고 있다. 수도원이나 산사에 들어가지 않고도 누구나 깨달음의 길로 갈 수 있다고 알려주는 것이다. 하지만 그렇다고 해서 그 길이 쉽고 안전하다고 말할 수는 없다. 곳곳에 영적 사기꾼들이 포진해 있기 때문이다.

티베트 불교의 지혜에 관한 책을 읽고 큰 감명을 받던 도중, 책을 쓴 저자의 성추문과 학대 사실을 전해 듣고 혼돈 속에 빠졌던 적도 있었다. 한때 명상 수련을 했던 수련원의 창립자가 불법 재산 축적과 성추행을 지속했다는 텔레비전 시사프로를 보고 큰 충격을 받은 적도 있었다. 텔레비전 예능 프로그램에 자주 등장하던 한 종교인이 국내는 물론 미국에 많은 재산을 축재하고 호화주택에서 생활하고 있다고 해서 비난이 쏟아지기도 했다.

과거에는 깨달음과 앎이 언어의 한계를 넘어선 영역이었기 때문에 말과 글로는 설명할 수 없었다. 예수와 부처가 그랬듯이 언어를 사용한다면 주로 은유와 비유를 통해서 진실을 전할 수밖에 없었다. 하지만 지금은 여러 영적 도구들이 고안되어 있어서 예전과 달리 일반인들도 조심스럽게 진실에 가까이 접근할 수 있다.

영적 도구 중에는 정신의학자 데이비드 호킨스David Hawkins 박사가 고안한 '의식측정법'과 '의식지도'가 유용한 도구가 될 수 있다. '의식측정법'은 누구나 할 수 있을 정도로 어렵지 않고 '의식지도'가 명확하게 자신의 의식과 감정 상태를 알아차릴 수 있게 해준다. '의식측정법'은 인터넷을 통해서도 쉽게 익힐 수 있으며 '의식지도' 역시 간단히 다운로드받을 수 있다.

호킨스 박사는 노벨상을 수상한 라이너스 폴링Linus Pauling과 함께 '분자교정 정신의학'을 저술해 정신질환 치료에 큰 반향을 일으켰으며, 임사체험을 공론화한 과학자이기도 하다. 앞서 '기분 좋은 온기가 느껴지면서 이루 말할 수 없는 평화 상태가 찾아왔다'는 정신의학자의 증언은 어린 시절 임사체험을 경험했던 호킨스 박사의 증언이다.

호킨스 박사는 글로 세상을 밝히는 선각자이기도 하다. 자신의 박사학위 논문을 일반인이 읽을 수 있도록 쉽게 글로 써서 책 『Power versus force』(국내 출간명 '의식혁명')을 냈으며, 영적 깨달음을 위한 많은 책을 집필했다. 호킨스 박사의 서적은 국내 대학에서도 교재로 채택되어 의식과 영성 탐구의 교과서 역할을 하고 있다.

그림 3　의식 수준에 따른 감정 등을 한눈에 알 수 있는 의식지도

신의 관점	세속의 관점	수준	대수의 수치	감정	과정
자아	존재	깨달음	700~1000	언어 이전	순수 의식
항상 존재하는	완전한	평화	600	축복	자각
하나	전부 갖춘	기쁨	540	고요함	거룩함
사랑	자비로운	사랑	500	존경	계시
현명함	의미 있는	이성	400	이해	추상
인정 많은	화목한	포용	350	용서	초월
감화를 주는	희망에 찬	자발성	310	낙관	의향
능력이 있는	만족한	중용	250	신뢰	해방
용납하는	가능한	용기	200	긍정	힘을 주는
무관심한	요구가 많은	자존심	175	경멸	과장
복수에 찬	적대의	분노	150	미움	공격
부정하는	실망하는	욕망	125	갈망	구속
징벌의	무서운	두려움	100	근심	물러남
경멸의	비극의	슬픔	75	후회	낙담
비난하는	절망의	무기력	50	절망	포기
원한을 품은	사악한	죄의식	30	비난	파괴
멸시하는	비참한	수치심	20	굴욕	제거

● 데이비드 호킨스, 『의식 혁명』 판미동

호킨스 박사에게 '나'란 무엇인지 궁극적 질문을 한다면 뭐라고 답할까?

가공의 '나'
거짓된 자아의 환상
자기 분수에 맞지 않게 행동하는 녀석
기이하고 엉뚱한 짓을 하는 까막눈

그는 '나' 에고에 대해 이렇게 단호하고 엄하게 정의 내린다. 에고를 '가짜'라고 지적하고, '자기 분수에 맞지 않게 행동하며, 기이하고 엉뚱한 짓을 하는 녀석'이라고 나무라기까지 한다. 그러면서 영적 깨달음을 위해서는 자신을 에고와 동일시하지 말아야 한다고 가르친다.

진정한 실재는 커튼 뒤에 있다

그런데 글을 읽으면서 추론하고 인식하며 해석에 열중하는,
글의 의미를 파악하는 고차원적인 역할을 수행하는 나는 누구인가?

─────────── 앞서 등장했던 시인들은 어쩌면 '나'는 단 하나의 정체성을 가진 존재가 아닐 것이며, '진정한 나'는 누구인지, 무엇인지 알 수 없다는 것을 통찰하고 '나'에 대해 시를 썼다. 예리한 통찰력으로 쓴 시인들의 시는 쉽고도 난해하고 또 두렵기까지 하다. 지금으로부터 800년 전 한 이슬람 시인 역시 같은 통찰로 시를 썼다.

이것은 진정한 실재가 아니다.
진정한 실재는 커튼 뒤에 있다.

진실로 우리는 이곳에 있지 않다.

이것은 우리의 그림자다.

이슬람 시인 루미(잘랄 웃 딘 루미 1207~1273 페르시아 시인이자 법학자)의 시는 확신으로 가득 차 있다. 앎으로 꽉 차 있는 듯하다. 그래서 어떠한 의문도 떠올릴 필요가 없다. 분명하면서도 단정적이다. 우리가 알고 있는 이 현실은 실재가 아니라고. 진정한 실재는 커튼 뒤에 있다고 노래한다. 실재를 '나'로 바꾸면 '나'에 대한 답이 된다. '이것은 진정한 내가 아니다. 진정한 나는 커튼 뒤에 있다.'

루미의 이 시를 반복해서 읽다 보면 '내'가 나(진정한 나)라는 당연한 동일시에 대해 한 번쯤 의문을 갖고 다시 생각하게 만든다. 루미의 시는 '나' 에고가 '가짜'라는 호킨스 박사의 단호한 정의와 맥락을 같이 한다.

루미의 시를 인용하면서 글을 쓰는 필자 역시 지금 이 순간 '내가 나'라는 동일시가 깨지고 있다. '나'는 떠오른 영감을 문자라는 상징적 표식을 조직하며 물리적인 타이핑을 하고 있다. 타이핑을 하는 '내' 손의 이면에는 뇌가 있다. 뇌를 타고 생각이 전류처럼 흐른다. 그런데 이렇게 생각을 하게 만드는 영감은 어디에서 오는 것일까? 생각을 하게 하고 글을 쓰게 만드는 자는 누구인가? 진정한 실재가 '나'로부터 분리되기 시작한다.

글을 읽는 독자도 글을 쓰는 작가와 조금도 다르지 않다. 독자는 눈으로 문자라는 상징적 표식의 배열을 보고 패턴을 맞추고 추론하고 인식하면서 의미를 해석한다. 보는 자는 분명히 '나'이다. 그런데 추론하고 인식하며 해석에 열중하는, 글의 의미를 파악하는 고차원적인 역할을 수행하는 나는 누구인가?

루미의 시는 치유와 치료의 수단으로 명상을 활용하는 전문 의료인, 학자, 심리치료사들이 즐겨 인용하곤 한다. 또 명상을 생활화하고 있는 수행자들이 즐겨 되뇌는 시로 명상과 묵상을 할 때 '나'를 알아차리는 알아차림의 도구로 애용한다. 루미의 시를 읽고 명상을 하면 명상이 잘 되기 때문이다.

루미의 시에는 에고가 허구임을 알아차리게 만들고 에고와의 동일시를 멈추게 하는 힘이 있다. 더 세부적으로, 에고의 전유물인 생각과 감정의 동일시를 멈추게 하는 데 유용하다. 루미의 또 다른 시를 보자.

인간이란 존재는 여관과 같습니다.
매일 아침 새 손님이 찾아옵니다.
기쁨, 우울, 비열.
때로 순간의 깨달음이 찾아오기도 합니다.
기대하지 않았던 손님.

모두를 환영하고 대접하십시오.
비탄의 무리가 당신의 집을 거칠게 휩쓸고, 가구를 부수더라도,
모든 손님을 극진히 대하십시오.

그러면 그 손님들이 당신을 새로운 기쁨으로 깨끗하게 씻어
줄 것입니다.

어두운 생각, 수치, 원한을 웃음으로 맞으십시오.
그리고 당신의 집에 초대하십시오.
누가 오더라도 감사하십시오.
그들 모두는 저 너머로 당신을 안내하고자 찾아왔습니다.

이 시에서 손님은 느닷없이 떠올라서 나를 뒤흔드는 갖가지 생
각과 감정들이다. 그들은 허락도 없이 함부로 나를 침범한다. 그들
모두 '진정한 내'가 아니라 왔다가 사라지는, 생각이라는 손님들
인 것이다.
'진정한 나'는 변함없이 존재하며 그것들이 들락날락하는 것을
경험하고 있다. '진정한 나'는 변함없이 시공간에 머물고 있다. 생
각은 '진정한 내'가 아니다. 이 시는 생각을 알아차리는 바로 그때
깨달음의 길이 열릴 것이라고 암시한다.

에고의 해부학 '나는 몸일까?'

그런데 문제는 몸이었다. 우리가 분명하고 또렷하게 인식하며,
외부세계와 경계를 이루고, 다른 모든 것과 확연하게 다른 '나'로
구분하게 만드는 몸에 대한 경험이 완전히 달랐던 것이다.

―――――――――― 호킨스 박사의 정의에 따르면 에고는 분수
도 모른 채 '내' 행세를 하는 녀석이다. 호킨스 박사는 이런 에고를
자신과 동일시하지 말아야 하되, 그렇다고 적으로 보거나 미워하
지 말고, 보듬어주고 돌봐주라고 말한다.

　루미의 시를 읽으면 나(에고가 아니라 진정한 나)는 여관처럼 가만
히 존재하며 수시로 손님처럼 들락날락거리는 생각과 감정을 경
험하는 존재다. 임사체험을 경험한 아니타의 진정한 나는 자유와
평화, 환희의 상태에서 '나'의 죽음을 지켜본다.

　한 선각자는 현대의 과학자이고, 또 한 선각자는 800년 전 시

인이며, 또 한 선각자는 죽음을 경험한 평범한 사람인데 세 사람의 말은 크게 다르지 않다. '진정한 내'가 존재하며 '진정한 나'는 일시적인 '나' 에고를 지켜보고 있는 것이다.

학자들의 '나'에 대한 연구결과는 학자들의 학파와 개인의 신념에 따라 모두 다르다. 그러나 '나'에 대한 선각자들의 경험 혹은 가르침은 한결같이 똑같다. 이제 '나'는 무엇인지 해부하고 에고와 정면으로 마주할 단계다. 물론, 답은 선각자들에게서 구할 것이다.

우리는 '나'라고 하면 제일 먼저 몸을 떠올린다. '나'는 곧 몸인 것이다. '내'가 경험하는 '나'는 보고 만지고 느낄 수 있을 정도로 분명하고 또렷하게 존재한다. 이 신념은 절대 깨질 수 없을 것 같다. 그런데 우리로 하여금 이러한 신념에 도전하게 만드는 과학자가 있다. 깨달음에 이른 선각자는 아니지만, 그녀의 '열반'에 들었던 경험은 절대 무시할 수 없다. 그녀는 하버드대학교 의과대학에서 인간의 뇌를 연구하고 강의하는 뇌 과학자(뇌 신경해부학자) 질 볼트 테일러Jill B Taylor 박사다. 그녀는 과학자와 깨달은 선각자 사이의 간극을 없애주는데 중요한 역할을 한다. 왜냐하면 뇌 과학자이면서 뇌졸중이라는 무서운 병에 걸려 쓰러졌었기 때문이다.

테일러 박사는 중증 뇌출혈로 쓰러졌다. 왼쪽 뇌의 선천적 혈관 기형으로 뇌혈관이 터지면서 큰 출혈이 일어났다. 그 바람에 죽을 고비에 처했다. 곧 왼쪽 뇌가 기능을 멈추었다. 오른쪽 뇌만 작동하는 상태가 되었다. 왼쪽 뇌가 기능을 멈추자 인지능력과 언어능력이 사라졌다. 그러자 끊임없이 떠오르던 머릿속 생각의 지껄임도 사라졌다. 그런데 그대신 놀랍게도 마음의 평화가 찾아왔다.

평온한 행복감이 밀려와 나를 포근하게 감싸 안았다.

그녀는 이렇게 증언한다. 그 경험은 마치 '우주와 하나가 된, 모든 것을 다 아는 전지全知의 수준으로 도약한 것 같았다'고 말한다. 아니타와 호킨스 박사의 임사체험 증언과 거의 유사하다. 임사체험을 한 것은 아니었지만, 왼쪽 뇌가 기능을 멈추고 오른쪽 뇌만 남게 되자 평화가 찾아왔다는 것이다. 분초를 다투는 위태로운 상황에서…. 그녀는 자신의 경험에 대해 '불교도들이 보았다면 열반에 이르렀다고 했을 것'이라고 말한다.

그런데 문제는 몸이었다. 우리가 분명하고 또렷하게 인식하며, 외부세계와 경계를 이루고, 다른 모든 것과 확연하게 다른 '나'로 구분하게 만드는 몸에 대한 경험이 완전히 달랐던 것이다.

내 몸이 어디에서 시작하고 끝나는지 경계를 명확히 분간할 수 없었다. 몸의 구성 성분이 고형의 덩어리가 아니라 액체인 듯했다. 더 이상 나를 독자적인 대상으로 지각할 수 없었다.

그녀의 경험에 따르면, 왼쪽 뇌가 고장나자 3차원의 물리적 현실과 연결이 거의 끊긴 상태로 '나'를 몸이라고 지각할 수 없게 되었다는 것이다. 테일러 박사의 뇌졸중 경험에 대한 증언은 몸이 '내' 전부라는 신념체계에 강력한 의문을 제기한다. '내' 몸은 바로 왼쪽 뇌가 '나'를 몸이라고 믿게 만들었던 것이다. 그녀의 전문적인 지식과 뇌졸중의 경험은 선각자들의 가르침이 결코 틀리지 않았음을 입증하고 있다. 호킨스 박사의 가르침을 들어보자.

몸과의 동일시를 내려놓고 몸이 우리가 아님을 깨달으면, 몸을 경험하는 것이 우리 자신이라는 것도 이해할 수 있다.

호킨스 박사는 이미 오래전부터 몸이 '나'라고 믿는 신념을 놓아버리라고 가르쳤다. 평범한 사람에게는 이해의 연결고리가 없어서 받아들이기 어려운 가르침이었다. 그런데 테일러 박사의 뇌졸중 경험이 이해를 가져다준다.

테일러 박사의 경험에 따르면, 우리가 '나'의 전부라도 믿고 있는 몸은 완전히 독립된 실체가 아니라 왼쪽 뇌가 만들어낸 3차원 영상Simulation이었다는 것이다. 왼쪽 뇌가 마비되면 '온도와 진동, 고통, 자신의 팔다리 위치를 더 이상 지각할 수 없게 되고 신체의 경계 인식이 바뀌면서, 스스로 우주만큼이나 거대한 존재로 느끼게 된다'는 것이다. 그러나 테일러 박사에 의해 그렇게 앎이 생성되는 순간에도 '나' 에고는 가만히 있지 않는다.

뇌도 몸이 아닌가?

이렇게 기습적으로 질문을 던진다. 에고는 대단히 영리하다. 영리해서 작은 허점이라도 보이면 그 틈을 파고든다. 그래서 앎에 이르기가 더 어렵다. 아마 많은 영적 사기꾼들도 분명히 깨달음과 앎에 도달했을 것이다. 그러나 작은 허점도 놓치지 않고 파고드는 에고를 지속적으로 알아차리고 내려놓기는 어려웠을 것이다.

'뇌도 몸이 아닌가?' 하는 질문은 참으로 어렵다. 뇌도 분명히 몸이기 때문에 '나'는 몸인 것이다. 이 어려운 질문에 대한 답은 노벨상 수상자 신경생물학자 존 에클스Sir John Carew Eccles 경이 준다. 그는 한마디로 이렇게 말했다.

뇌는 수신장치다.

에고의 해부학 '나는 마음인가?'

명상 상태에서 마음을 주시하면 놀랍다 못해 웃음까지 나온다.
생각으로 스토리를 만들고, 순식간에 시간과 공간을 이동하고,
까맣게 잊었던 기억을 끌고 오고, 걱정거리로 떠돈다.

───────── 신경생물학자 존 에클스 경의 주장대로 '뇌
가 수신장치'라고 하면, 외부로부터 무엇인가를 수신하는 안테나
의 의미일 것이다.

그렇다면 무엇을 수신한다는 말일까? 틀림없이 마음일 것이다.
마음을 수신한다고 하면, 마음이 우리의 몸 바깥 어딘가에 존재한
다는 말이 된다. 마음은 '내 안에 있는 '나'의 마음'인데, 바깥에 있
다니…. 존 에클스 경의 주장은 '뇌가 곧 마음'이라는 학자들의 주
장과 대립하고 있다.

우리가 지금 관심을 두는 것은 논쟁이 아니라 마음에 대한 앎

이다. '나'의 안이든 밖이든 분명히 존재하는 마음, 그 마음을 관찰해보자. 내가 '나'의 마음을 주시하는 것이다.

우리가 자신의 마음을 모두 지켜보고 있다면 그건 굉장한 의미를 가지게 될 겁니다.

우리는 자신의 마음을 바라보는 것이 하찮은 일이 아니라고 생각하는데, 선각자 지두 크리슈나무르티Jiddu Krishnamurti는 마음을 지켜보는 것이 굉장히 의미 있는 일이라고 강조한다. 크리슈나무르티의 제안대로 가만히 마음을 관찰해보면, 생각들이 끊임없이 떠오르는 것을 알 수 있다.

이때 순식간에 생각에 휩쓸릴 수 있으니 주의해야 한다. '나'로부터 조금이라도 떨어져 나와야 한다. 마음을 바라보면 마음은 잠시도 가만히 있지 않다는 것을 어렵지 않게 알 수 있다. 마음은 결코 쉬지 않는다.

명상 상태에서 마음을 주시하면 실로 놀랍다 못해 웃음까지 나온다. 한 생각을 따라 또 한 생각이 이어지며 스토리를 만들고, 그것을 따라 감정이 오르내리다가, 순식간에 다른 시간과 공간으로 이동한다. 그리고 어디에서 가져왔는지 까맣게 잊고 있었던 기억을 끌고 왔다가, 재빠르게 바로 앞날의 걱정거리로 날아간다. '내' 마음이지만 정말 기발하고 기상천외하기까지 하다.

질 볼트 테일러 박사는 그것을 '생각의 지저귐'이라고 아름답게 표현했다. 그런데 선각자들 중에는 테일러 박사처럼 그런 아름다운 표현보다는 '지껄임'이라고 비판적으로 말하는 경우가 더 많다.

> 온통 생각으로 가득 차 있는 마음
> 이 모든 지껄임
> 끝없는 수다
> 정신없이 이리저리 배회
> 머릿속에서 절대로 말을 멈추지 않는 목소리
> 마음은 기억과 경험과 지식의 찌꺼기
> 기능장애

선각자들은 마음대로 지껄이고 수다를 떨고 배회하는, 찌꺼기로 가득 차 있는 기능장애의 마음에 대해 이렇게 비판적이다. 마음이 의미 없이 끊임없이 지껄이고 있다고 주의를 주고, 경고하는 선각자들이 얼마나 많은지 그 이름을 일일이 거론할 수 없을 정도다. 마음은 따뜻하고 정감어리다고 생각했는데, 그게 아닌 것이다. 마음이 떠드는 방식은 주로 생각이다.

주의 깊게 관찰해보면, 마음은 생각과 감정 두 가지 방식으로 움직이고 있다는 것을 알 수 있다. 무엇이 먼저인지 정확하지는 않지만 언뜻 생각이 먼저 떠오르고 곧 감정이 따라붙는 듯하다. 만일 기분 나쁜 생각이 떠올랐다면 곧 기분 나쁜 감정이 훅 하고 가슴 위로 올라오고 얼굴이 화끈거린다. 생각을 계속 붙들고 있으며 감정이 점점 증폭되고 둘은 시너지를 일으키면서 한없이 커진다. 일단 생각에 감정이 붙어서 폭발하면 관찰하기란 거의 불가능하다.

쉬지 않고 지껄이는 생각의 대부분은 과거의 기억과 앞일에 대한 대처다. 기억은 좋은 기억보다는 나쁜 기억이 압도적으로 많다. 나쁜 기억을 되씹고 아파하며, 다시는 그런 일을 허용하지 않겠다고 다짐한다. 그리고 미래의 비슷한 상황을 만들어서 준비하고 계획한다. 그러나 순식간에 인터넷 포털에서 본 사건이 끼어든다. 감정이 즉시 붙어서 현실을 개탄한다. 그러다 갑자기 노랫가락이 새치기를 한다. 입에서 노랫가락이 흘러나온다. 노랫가락이 연상시키는 드라마 장면이 떠오른다. 동시에 엉뚱하게도 출장가기로 한 날짜가 떠오른다. 집을 비우는 것이 불안하다.

도대체 마음은 왜 이러는 것일까? 마음을 관찰하다 보면, 우리 인간은 어떻게 이런 별난 마음을 갖고 살게 되었을까, 앞으로 어떻게 살아가야 할지 걱정이 되기도 한다. 존 에클스 경의 주장대로 뇌가 마음의 파동을 무질서하게 수신해서 그러는 것일까? 질 볼트 테일러 박사는 왼쪽 뇌가 오른쪽 뇌보다 훨씬 지배적이어서 그렇다고 한다. 평화와 공감의 오른쪽 뇌는 거의 침묵하고 있다는 것이다. 크리슈나무르티가 '자신의 마음을 모두 지켜보고 있다면 그건 굉장한 의미를 가지게 될 것'이라고 한 이유는, 종잡을 수 없는 마음은 '진정한 내'가 아니라는 진실을 알려주기 위해서였을 것이다.

그렇다면 '진정한 나'는 누구일까? 데이비드 호킨스 박사는 부처의 가르침을 인용하며 끊임없이 지껄여대는 마음 사이에 '진정한 내'가 있다고 말한다.

　참된 나는 생각들 사이의 빈틈에서 얼핏얼핏 보인다.

　부처의 가르침에 따르면 마음은 내가 아닌 것이다. 부처의 가르침을 담은 팔만대장경의 가르침을 한 단어로 바꾼다면 '마음'이라고 할 정도이니 우리 인간의 삶에서 마음이 어떤 역할을 하는지 가늠할 수 있다. 하지만 우리는 늘 '나'와 마음을 하나로 동일시하고 있다. '내' 마음에서 일어나는 모든 생각은 '내' 것이며 감정 역시 '내' 것이다. 언어생활 역시 '내' 마음대로다. 그래서 가르침을 통해 앎을 얻는다고 해도 실제 생활에서는 앎을 실천하기 어렵다. 그런 까닭에 선각자들은 끊임없이 '알아차리고' '동일시'를 끊어야 한다고 말한다.

에고의 해부학 '마음과 몸은 별개인가?'

몸은 묵묵히 자신의 역할을 수행하는 반면,
마음은 잠시도 가만히 있지 않다는 것이 문제다.
마음은 자기 마음대로인데 우리는 마음을 조절할 수가 없다.

─────────── 그런데 여기서 우리가 알아야 할 중요한 사실이 한 가지가 더 있다. 마음과 몸은 따로 움직이지 않고 하나의 '마음몸'으로 붙어있다는 사실이다. 동양에서는 아주 오래전부터 마음몸을 하나로 보았기 때문에 우리에게는 그렇게 낯선 말은 아닐 것이다.

하지만 데카르트 이후 몸과 마음을 구분해서 생각해온 서양의 관점에서는 마음몸이 하나라는 개념을 수용하는데는 적지 않은 시간이 필요했던 모양이다. 심장병 전문의 디팩 초프라Deepak Chopra 박사는 우리가 마음을 어떻게 먹느냐에 따라 몸에 치명적

질병을 유발할 수 있다는 심신상관의학을 주창하고 마음과 몸이 하나로 연결되었다고 주장했다.

A유형에 속하는 이들은 일반적으로 남자다. 공격적이고, 참을 성이 없고, 쉽게 긴장하고, 정력적이다. 게다가 마감시간을 지키려고 끊임없이 노력하며, 긴장이 풀리는 것을 용납하지 않으며, 언제나 서두르는 고질병을 기본적으로 갖고 있다.

그는 A유형의 사람을 예로 들며, 마음과 몸은 하나로 연결되어 있어 마음에 문제가 생기면 몸에 병이 생긴다고 설명한다. 디팩 초프라 박사의 주장을 염두에 두고 자신을 한번 돌아보자. 혹시 '내'가 그런 사람은 아닐까? '내'가 A유형이 아니라고 해도, 우리 주변에도 그런 비슷한 사람은 얼마든지 찾을 수 있다. '내'가 일하는 분야에는 특히 이런 사람들이 많다. 그리고 정말로 심장마비, 심장병, 심혈관질환을 앓고 있는 사람도 많다.

심신상관의학은 마음과 몸이 하나로 연결되어 있어 서로가 서로에게 강력한 영향을 미친다는 것이다. 그런데 몸은 묵묵히 자신의 역할을 수행하는 반면, 마음은 잠시도 가만히 있지 않다는 것이 문제다. 설거지를 하다가 갑자기 해로운 생각이 떠올랐다면, 바로 알아차리고 멈춰야 하는데, 어떻게 생각을 멈출 수 있을까? 마음은 자기 마음대로인데 우리는 마음을 조절할 수가 없다.

여기서 디팩 초프라라는 이름은 영성의 길을 걷는 '나 홀로 수도승'들에게 낯설지가 않다. 그 이유는 디팩 초프라 박사가 깨달음의 길을 안내하는 선각자이기 때문이다. 쉽고도 친절하게 글을 쓰는 그는 깨달음의 안내서뿐 아니라 건강과 치유의 지침서, 소설까지 다수의 책을 집필한 글쟁이이기도 하다. 그는 마음먹는 것에 따라 몸이 달라지며, 삶이 달라지고, 세상이 달라진다고 강조한다.

그렇다면 어떻게 하면 쉬지 않고 지껄이고 제 멋대로 뛰어다니는 마음을 고요하게 만들고 생각을 멈출 수 있을까? 디 팩초프라 박사는 명상이 답이라고 말한다.

명상을 통해 우리는 자신의 자각을 첫 번째 차원의 내면적·외면적 혼돈 상태로부터 영혼과 정신을 의미하는 침묵과 고요한 의식의 상태로 끌어올릴 수 있다. 수행과 집중을 통해 우리는 거대한 지식과 이해로 가는 길로 들어설 수 있다.

그런데 우리가 명상에 들려고 할 때, 명상을 방해하는 가장 큰 훼방꾼은 마음의 내용물인 생각이다. 마음이 종잡을 수 없는 것은 종잡을 수 없게 떠오르는 생각 때문이다. 생각이 잦아들고 고요해져야 마음이 평화로운 상태에서 명상에 들게 될 텐데, 특히 가부좌명상을 할 때면 이상하게도 생각이 어디에서 숨어 있다 나타나는지 기억의 끄트머리까지 더듬어서 감정을 요동치게 만든다. 그런데 그 많은 생각들은 어디에서 오는 것일까?

생각은 가상의 영역에서 온다는 것이 그 답이다.

디팩 초프라 박사 역시 존 에클스 경처럼 생각은 뇌에 있지 않고 다른 영역에 있으며 뇌는 안테나 역할을 한다고 말한다. 생각이 다른 영역에서 온다는 말을 사실로 받아들이고 조용히 자리에 앉아 명상을 하면 '나'와 생각들이 분리되기 시작한다.

물론 쉬운 일은 아니다. 에고는 기발한 방법으로 온갖 생각을 춤추게 하면서 방해할 것이다. 그것들은 바라볼 수 있어야 한다. 생각들을 볼 수 있게 되고, 더 나아가 생각과 감정을 '나'와 동일시하지 않고 한발 떨어져서 관찰하게 되면 그것이 명상이다.

에고의 해부학 '나는 의식인가?'

마음속에서 생각이 떠오르고 사라짐을 바라보고 알아차릴 수 있는 것은
그 배후에 거대한 공간이 있기 때문이고, 그 공간이 바로 의식이며,
의식은 곧 영혼이다.

──────── 디팩 초프라 박사를 따라서 명상을 하면
'나'와 생각들이 분리되기 시작한다. 생각의 내용물을 그대로 놔
두고 생각 자체를 바라보게 된다. 생각들은 마치 물결의 흐름을
타는 물방울처럼 올라갔다 내려갔다 할 뿐이다. 그것들을 흘러가
게 내버려둔다. 그러자 어느 순간부터 '나' 에고가 사라진다. 에고
가 사라진 자리에는 거대한 공간이 있다.

거대한 공간은 고요와 평화로 가득하다. 나는 명상 속에, 고요
와 평화 속에 있다. '나' 에고가 없어도, 생각이 없어도 그것을 안
다. 그런데 갑자기 생각 하나가 고요와 평화를 깨뜨리고 솟아올랐

다가 아래로 꺼진다. 거대한 공간은 그것을 바라보고 알아차린다. 살짝 미소 짓는 듯하다. 그리고 아무 일도 없다. 생각 하나는 에고의 질문인 듯하다. 영리한 에고는 도저히 가만히 있을 수 없어서 생각 하나를 일으켰을 것이다.

그렇다면 알아차리는 자는 누구인가?

에고의 질문은 합리적인 것 같다. '진정한 내'가 몸도 아니고 마음도 아니라면 나는 도대체 무엇이란 말인가? 선각자들은 '알아차리는 자가 바로 진정한 나'라고 한다. 디팩 초프라 박사의 말을 다시 들어보자.

명상을 통해 우리는 자신의 자각을 첫 번째 차원의 내면적·외면적 혼돈 상태로부터 영혼과 정신을 의미하는 침묵과 고요한 의식의 상태로 끌어올릴 수 있다.

디팩 초프라 박사가 말하는 첫 번째 차원이란 물질과 에너지로 구성된 물질적인 몸을 의미하고, 두 번째 차원은 마음이며, 세 번째 차원은 정신과 영혼이다. 명상을 통해 몸의 차원, 마음의 차원을 넘어 정신과 영혼의 차원으로 올라갈 수 있다는 설명이다.

그런데 그의 설명에는 '영혼'과 '의식'이라는 말이 나온다. 의식 Consciousness은 학구적인 용어다. 학자들이 주로 연구하고 사용하는 개념이다. 그래서 에고는 의식이라는 단어는 신뢰한다. 하지만 영혼이라는 단어는 에고에게 불편하다. 종교적이고 신비적인 느낌이 강해서 거부감이 든다.

물질 차원에서 영혼은 관찰에 열중하는 관찰자다.

디팩 초프라 박사는 영혼이 관찰에 열중하는 관찰자라고 강조한다. '관찰에 열중하는 관찰자'라는 말에 주목해보자. 임사체험을 경험하는 순간, 아니타는 관찰자였다. 임사체험을 경험한 데이비드 호킨스 박사 역시 경험을 관찰하는 관찰자였다. 뇌졸중으로 쓰러진 질 볼트 테일러 박사 역시 경험을 관찰하는 관찰자였다. 루미의 '손님'이라는 시 역시 여관인 나는 관찰자였다. 디팩 초프라가 말하는 영혼은 경험을 관찰하는 관찰자인 것이다.

경험을 관찰하는 관찰자

디팩 초프라 박사에 의하면, 마음속에서 생각이 떠오르고 사라짐을 바라보고 알아차릴 수 있는 있는 것은 그 배후에 거대한 공간이 있기 때문이고, '그 공간이 바로 의식Consciousness'이며, '의식은 관찰하고 알아차리는 주체 즉 영혼'이라는 것이다. 선각자들의 설명은 언제나 같다. 마치 말을 맞춘 것처럼 똑같다. 데이비드 호킨스 박사의 설명 역시 단순하고 명확하다.

의식이 곧 영혼이다.

데이비드 호킨스 박사는 '의식은 영혼'이라고 무 자르듯이 명쾌하게 단언한다. 영적 깨달음으로 인도하는 그의 서적에서는 의식은 언제나 영혼과 같은 의미로 통용된다. 호킨스 박사는 의식은 영혼이기 때문에 몸에 의존하지 않고 독립적으로 존재한다고 설명한다. 이쯤에서 에고는 도저히 받아들이기 힘들다. 이제는 군이 이해시킬 필요는 없지만, 의식을 연구하는 학자의 말을 인용해본다면,

의식은 스스로 움직인다. 의식은 스스로가 유전적 지시를 뛰어넘어 독립성을 가지도록 발전되어 왔다는 것이다.

앞서 등장했던 심리학자 미하이 칙센트미하이 박사 역시 의식은 독립적으로 존재한다고 주장한다. 그뿐 아니라 의식은 먹을 것을 먹지 않고 다이어트를 하는 사람, 결혼을 하고도 아이를 갖지 않고 부부생활을 하는 딩크족처럼 거부할 수 없는 유전자의 명령마저 거부한다고 설명한다. 학자라서 대놓고 말할 수는 없지만 의식이 곧 영혼이라고 강력하게 암시하고 있는 듯하다.

호킨스 박사는 의식을 설명하기 위해 몸과 마음, 의식의 관계를 구분해서 설명한다. 몸에서 일어나는 경험은 오감을 통해서 뇌에 전달되고, 뇌에 전달된 경험은 뇌보다 더 큰 에너지장인 마음을

통해서 경험된다. 또 마음은 마음보다 더 큰 에너지장인 의식을 통해서 경험된다. 의식, 즉 영혼이 있기 때문에 마음을 경험할 수 있는 것이며, 마음이 있기 때문에 몸을 경험할 수 있다는 것이다.

에고의 해부학 '나는 에고가 아니다!'

선각자들은 에고가 진짜 나인 것처럼 '속임수'를 쓰는 '사칭꾼'으로 우리를 속여서
마음을 차지해버린다고 한다. 사람들은 에고라는 허구의 자아에 넘어간 채
몽유병 환자처럼 살고 있다고 경고한다.

먼저 에고를 없애는 데 주력하라.

침묵으로 깨달음의 빛을 전한 스리 라마나 마하리쉬Sri Ramana
Maharish는 이렇게 말하곤 했다. 그는 어떠한 영적 가르침을 공부한
적도 없었지만, 16세에 죽음을 경험한 후, '진정한 자아'는 몸이나
마음과 아무런 상관이 없다는 것을 깨우친다. 그는 식음을 전폐한
채 깨달음에 몰입한 신비주의 선각자로 알려져 있다. 남인도의 깊
은 산속에서 단순하고 소박하게 명상하는 삶을 살며 전 세계에서
찾아오는 수많은 수행자들에게 침묵의 가르침을 전했다.

'에고는 존재하지 않으며, 무지는 에고의 부속물'이라는 마하리쉬의 가르침은 세월이 한참 흐른 뒤에도 수행자들에 의해 계속 이어지고 널리 퍼지고 있다. 마하리쉬의 가르침의 시작은 에고가 존재하지 않으며, 있다고 하면 그 에고를 없애라는 것이다.

앞서 우리는 선각자들의 가르침을 통해 몸, 마음, 의식의 단면을 살펴보았다. 그런데 앞에서 살펴본 몸, 마음, 의식에는 그 어디에도 에고가 없었다. 그렇다면 에고는 어디에 있는 것일까? 몸에 있다면 뇌, 그것도 왼쪽 뇌에 있을 것이라 추측할 수 있다. 마음 어딘가에 있다면 마음의 뒤쪽 꽁무니쯤일 것 같다.

종잡을 수 없는 마음의 뒤꽁무니를 따라다니며 마음에서 떠오르는 생각과 감정을 자기가 한 거라고 우기면서 생각과 감정을 더욱 크게 부추길 것 같다. 아마도 의식에는 없을 듯하다. 선각자들의 말대로 의식이 에고를 알아차리고 있기 때문에 의식에는 설 자리가 없을 것 같다.

필자는 처음 명상을 시작했을 때, 에고라는 말이 낯설고 이상하게 느껴졌었다. 그런데 선각자들, 수행자들은 입을 열면 에고를 말하고 있었다. 에고란 결국 '나'라는 자아인데 모두들 자아라는 말 대신 에고라고 지칭했다.

필자의 깨달음 공부의 길에서 에고라는 용어를 가장 많이 사용한 선각자는 에크하르트 톨레Eckhart Tolle였다. 아마도 에크하르트 톨레만큼 집요하게 에고를 분석하고 에고에 대해 적나라하게 그 정체를 밝힌 선각자는 없을 것 같다. 에크하르트 톨레에 따르면,

에고는 진짜 나인 것처럼 '속임수'를 쓰는 '사칭꾼'으로 우리를 속여서 마음을 차지해버린다고 한다. 그리고 사람들은 에고라는 허구의 자아에 넘어간 채 몽유병 환자처럼 살고 있다고 경고한다.

당신이 생각과 감정으로 이루어진 마음이 만들어낸 자아, 즉 에고를 통해 살아간다면, 그 정체성의 기반은 위태로울 수밖에 없다.

에크하르트 톨레는 에고를 기능장애 상태에 있는 인간의 마음이 만들어낸 불안정한 구조물이라고 설명한다. 그러면서 우리 인류는 병든 자신과 지구를 치유하기 위해서 기능장애 상태의 마음과 에고를 알아차려야 한다고 강조한다.

그의 에고에 대한 집요하고도 적나라한 글을 읽으면서 '나' 자신에 대한 모든 것을 부정하는 듯해서 불편하기도 했었지만, 한편으로는 에고라는 녀석이 웃기기도 했었다. 에크하르트 톨레를 따라 알아차림의 수행을 하는 과정에서 에고를 불편하게 느끼기도 했고, 또 어처구니없다고 느꼈기 때문일 것이다. 그는 자신의 내면에 에고라는 이질적인 것이 있다는 것을 처음 알아차렸을 때 웃음을 터뜨렸다고 토로한다. 비로소 제정신으로 돌아온 웃음…. 에크하르트 톨레는, 에고는 자신은 물론 타인들, 동식물들, 지구에게도 위험한 존재라고 경고한다.

그런데 유독 에크하르트 톨레만이 에고를 강조한 것일까? 그렇지 않다. 알고 보면 예수, 부처로부터 인류의 역사와 함께 해온 모든 선각자들이 에고에 대해서 줄기차게 경고를 해왔었다. '나'는 에고가 무엇인지 언어로 가장 잘 설명한 가르침은 예수의 이 가르침이라고 생각한다.

내가 하는 것이 아니라, 내 안에 계신 하나님 아버지가 하시는 것이다.

별의별 생각을 다하면서 온갖 궁리를 다 한들 에고는 아무것도 할 수 없는 허구일 뿐이라는 이 가르침은 무의식적으로 늘 반복되는 생활 속에서 알아차림을 일깨워주는 강력한 지침이 될 수 있다. 예수는 '내가 하는 것이 아니라, 내 안에 계신 하나님 아버지가 하시는 것이다'라는 가르침을 넘어 에고에 대해 더 강력하게 경고하기도 했었다.

너 자신을 부정하라

예수가 부정하라고 한 '너'가 바로 '나' 에고인 것이다. 부처 역시 에고가 무엇인지 가르침을 주었다.

아나타(부처 시대의 언어인 팔리Pali어, 무아 無我)

부처의 가르침은 단순하고도 명확하다. 아나타, 즉 '나는 없다'고 가르쳤던 것이다. 예수와 부처는 물론 모든 선각자들은 '나'에고의 허구성과 속임수가 일으키는 문제를 거론하며 '진정한 나'를 찾으라고 가르쳤다. 고대 그리스 델포이의 아폴로 신전 입구에 새겨진 '너 자신을 알라'는 메시지부터 달마의 '불식不識'에 이르기까지 가짜 '나'인 에고에 속지 말고 '진정한 나'를 알아차려야 한다는 메시지는 한결같다. 글을 쓰는 지금, 기억나는 가르침을 잠깐만 열거해도,

자아는 아무 힘도 없는 허상이요, 무無다.
'나'는 말이며, '나'는 생각의 상상 속에서 만들어진 구조다. '나' 그 자체는 실체가 없다. 그것은 생각이 만들어낸 것이다.
대다수 사람들은 자아감에 의해 기만당하고 현혹당하고 있다는 사실을 깨닫지 못한다.
에고를 자세히 들여다보면, 에고는 한갓 허상에 지나지 않음을 깨닫는다.

에고를 알아차리라고 말하는 선각자와 메시지가 얼마나 많은지 그 수를 헤아릴 수도 없을 정도다. 그런데 우리는 왜 에고에 사로잡혀 살고 있는 것일까?

인류는 어떻게 이런 에고에 사로잡혀 살아왔을까?

에크하르트 톨레는 인류의 탐욕과 착취, 폭력, 파괴, 살육의 역사가 모두 에고가 지배해온 결과라고 말한다. 에크하르트 톨레의 말을 듣다 보면 섬뜩한 느낌마저 든다. '내' 안에도 분명히 욕망과 폭력의 에고가 존재하고 있기 때문이다. 그런데 에크하르트 톨레는 다른 선각자들처럼 꼭 명상을 해야 한다고 말하지는 않는다. 에고와의 동일시를 끊을 수 있도록 에고를 '알아차리는 것'만으로도 가능하다고 강조한다.

데이비드 호킨스 박사 역시 명상의 중요성을 상기시키면서도 명상을 강요하지는 않는다. 에고를 가만히 '바라보고 알아차리는 묵상'만으로도 가부좌명상과 같은 효과를 낼 수 있다고 한다.

'내'가 무엇을 하는지 알아차리기

알아차림은 외부에서 벌어지는 세상사뿐 아니라 내면의 변화무쌍한
마음의 움직임과 에고의 수다와 동일시를 멈출 수 있다.

———————— 알아차림은 부처의 명상 수행 방법 중 하나
로 위빠사나vipassana로 통용되기도 한다. 그런데 위빠사나는 알아
차림보다 큰 의미라고 할 수 있다. 위빠사나는 기원전 서인도 지
역의 언어인 팔리Pali어로 '명확하게 지속해서 바라보기'를 뜻한다.
위빠사나 수행의 세부사항으로 사띠Sati가 있는데, 에크하르트 톨
레가 에고를 벗어나는 길로 제시하는 알아차림이 바로 이 사띠라
고 할 수 있다.

서구의 선각자들, 학자들이 명상을 공부하고 터득하는 과정에
서 사띠를 'Mindfulness'이라고 명명했는데, 영어식으로 형태소

를 조립한 단어다. 단어의 모양 그대로 복잡하고 산란한 '마음'에 유념한다는 의미가 강하다. 현대의학에서 불치병환자 치유를 위한 MBSR Mindfulness-Based Stress Reduction 프로그램이 복잡하고 산란한 '마음'에 유념하면서 알아차리라는 의미로 사용하는 것과 똑같다.

이 'Mindfulness'가 다시 우리말로 번역되면서 마음챙김이라는 묘한 단어로 바뀌지 않았나 생각된다. 이미 불교가 발달한 불교 문화권에서 생활하고 있는 우리의 입장에서는 어딘지 어색하게 들리는 마음챙김보다는 에크하르트 톨레가 강조하는 '알아차림'이 훨씬 쉽다.

더구나 알아차림은 순 우리말로 앎, 정신차림, 지식, 지혜, 옳은 판단의 의미로 연동되기 때문에 생활 속에 적용하기 쉽다. 알아차림은 외부에서 벌어지는 세상사뿐 아니라 내면의 변화무쌍한 마음의 움직임과 에고의 수다와의 동일시를 멈출 수 있다.

알아차림을 위해서는 가부좌명상이 가장 좋기는 하지만, 글쓰기명상과 걷기명상도 좋다. 글을 쓰면서 마음의 종잡을 수 없는 움직임을 차분하게 가라앉히고 고요와 평화의 상태에 머물 수 있다. 길을 걸으면서 떠오르는 생각들을 가만히 바라보는 것 역시 명상이다. 마음의 지껄임이 잦아들게 되면 주변의 풍경과 소리, 냄새가 명징하게 느껴지기 시작한다. 경험상, 108배를 하거나, 홀로 조용히 찬송가를 부르는 것도 알아차림 명상의 좋은 방법이라고 추천하고 싶다.

그런데 알아차림은 말의 뉘앙스가 온순하고 매우 약해보이기도 한다. 에고는 얼마나 강한가? 겨우 알아차림만으로 강한 에고를 잠재울 수 있을까? 이렇게 생각할 수도 있다. 그러나 알아차림은 결코 약하지 않다. 에고보다 훨씬 강하다. 에크하르트 톨레가 에고를 잠재울 수 있는 길은 오직 알아차림뿐이라고 한 이유가 있다.

우선, 알아차림을 지속하면 왼쪽 뇌가 점점 지껄임을 줄이기 시작한다. 끊임없는 지껄임이 왼쪽 뇌의 기능일 뿐이라는 사실을 알아차리면서 앎이 일어나고 각성하게 된다. '내가 지껄이는 것이 아니라 나의 왼쪽 뇌가 지껄인다는 것'을 알아차리는 데 집요한 에고라고 해도 어찌할 수 없다. 점점 힘을 잃는다. 그러면 오른쪽 뇌에 대한 왼쪽 뇌의 지배력이 약해진다. 질 볼트 테일러 박사가 증언한 대로 오른쪽 뇌의 평화와 환희, 행복이 커진다.

과학자들은, 명상상태에서는 뇌의 알파파(8~13Hz 초당 8~13번 진동)가 활성화되고 오른쪽 뇌의 활동이 왕성하게 되어, 긴장이 풀리고, 스트레스가 해소되며, 면역력이 좋아진다는 사실을 알게 되었다. 또한 세타파(4~7Hz 초당 4~8번 진동)가 활성화되어 정서적인 안정 속에서 창의적인 발상이 일어나고, 숙면을 취하게 된다는 것도 알게 되었다. 생존을 위한 싸움 혹은 도피, 경쟁, 긴장, 불안, 초조, 근심, 걱정이 우리들 유전자에 각인되었다고 해도 명상을 하면 평화로운 상태에 있게 되는 것이다. 명상만으로도 아니타와 데이비드 호킨스 박사의 임사체험, 질 볼트 테일러의 왼쪽 뇌 기능정지와 오른쪽 뇌 활성화 열반 상태에 들어갈 수 있는 것이다. 불치의 병이 치유되는 것 같은 기적들이 결코 우연한 일이 아닌 것이다.

이제 우리는 명상을 하면 왜 에고가 조용해지는지, 잠시도 쉬지 않고 떠들고 투정부리고 저항하는 에고가 슬그머니 사라지는 것인지 알게 되었다. 알아차림은 말 그대로 자신이 무엇을 하고 있는지 알아차리는 것이다. 다시 말해 에고가 하는 모든 짓들을 놓치지 않고 알아차리는 것이다. 알아차리기 위해서는 시선이 바깥쪽이 아니라 안쪽, '나'의 내면을 바라봐야 한다.

화두명상과 알아차림 글쓰기

사실은 우리들 삶 자체가 화두일 것이다. 글로 질문을 하고 답을 찾으면서
글을 쓴다면 화두명상 못지않게 깊은 명상에 들 수 있을 것이다.

──────────── 무의식적이며, 즉각적이고 충동적인 것이
에고의 특기라면, 의식의 눈은 에고로부터 한발 떨어져서 바라보
는 시각이다. 의식은 관찰에 열중하는 영혼이며, 또한 앎이다. 앎
은 알아차림으로 일어난다. 알아차림은 반복을 통해 강화될 수 있
다. 어려운 문제가 있다면 풀려고 집착하지 말고 악착같이 해결하
려고 달려드는 에고를 알아차리고 잠시 멈춘다. 자신의 생각과 감
정을 알아차리려고 주의를 기울이다 보면, 조금 늦게 알아차린다
해도 자신의 충동적 감정과 생각, 판단, 말과 행동을 알아차리고
바로 잡을 수 있다.

알아차림을 지속하는 좋은 방법은 글쓰기다. 앞에서도 언급했지만 글을 쓸 때는 질문을 하고 그 답을 찾는 방식으로 한다. 글을 통해 질문을 하고 답을 찾는 과정은 충분히 의식적이다. 다시 말해 의식이 깨어 있는 것이다. 의식이 깨어 있으면 에고는 조용해진다.

이 방식은 화두話頭명상과 과정이 거의 같다고 할 수 있다. 불교에서는 오래전부터 부산스럽고 종잡을 수 없는 마음을 가라앉히고 깨달음에 이르는 명상법으로 화두명상법을 전승해왔었다. 유명한 화두로는 '어떻게 하면 병 속의 새를 꺼내서 날아갈 수 있게 할 것인가?' 같은 것이 있다. 이 유명한 화두로 글을 쓴다고 하면 글이 상당히 길어질 듯하다. 질문이 연달아 샘솟기 때문이다.

왜 새가 병속에 들어간 것일까?

누가 새를 병속에 넣었을까?

어린 새를 병속에서 키웠기 때문일까?

아니면 알을 병속에서 부화시켰나?

이제 다 자란 새를 꺼내려면 병을 깨뜨려야 할까?

병을 깨다 새가 다치면 어떻게 하지?

그러다 새가 죽으면?

꺼낸다 해도 병속에서 살았는데 과연 하늘로 날아갈 수 있을까?

화두 하나가 이 정도로 질문을 쏟아낸다. '병 속의 새'와 관계된 사람들까지 등장시키면 끝이 이 없을 것이다. 질문 하나 하나를 문단으로 묶어서 글을 쓰면 A4용지 1장도 넘을 것 같다. 불교에서는 수행자가 화두를 선택해서 명상에 들 수 있도록 1,000개가 넘는 화두 목록을 만들어두고 있다. 그러나 화두명상을 이해하고 수행하기 위해서는 책 한 권으로도 부족할 것이다. 또한 스승이 있어야 하며 안거에 들어가야 하는 등, '나 홀로 수도승'이 수행하기 위해서는 조건이 꽤 까다로운 편이다.

꼭 '병 속의 새'처럼 심오한 화두는 아니라도 삶 주변에서 의식의 눈으로 들어오는 의문점을 스스로 찾을 수 있다. 고양이를 키운다면 고양이를 바라보면서 질문을 떠올려본다.

잠을 자면서도 고양이는 어떻게 주변 상황을 감지할 수 있을까?
고양이를 안고 있으면 왜 이렇게 마음이 편안해지는 걸까?
고양이는 자신이 고양이라는 것을 알고 있을까?

이렇게 질문을 하다 보면 자신의 안팎 모든 것들은 질문이 되고 화두가 될 것이다.

친구의 농담 한마디가 왜 마음에 심한 상처가 될까?
내가 마음속으로 화가 나 있는 것을 친구도 알고 있는 것 같은데 어떻게 알았을까?
말을 하지 않고도 마음이 전해지는 것일까?

사실은 우리들 삶 자체가 화두일 것이다. 글로 질문을 하고 답을 찾으면서 글을 쓴다면 화두명상 못지않게 깊은 명상에 들 수 있을 것이다. 알아차림 글쓰기의 질문하고 답을 찾는 방식은 화두명상과 크게 다르지 않기 때문이다.

일기를 꾸준히 써온 사람이라면, 나를 경계로 두 개의 세계가 존재한다는 사실을 알고 있을 것이다. 두 개의 세계는 사건이 일어나는 외부의 세계와 그것을 경험하는 내부의 세계다. 분명한 것은, 두 개의 세계를 의식적으로 알고 글을 쓰든, 무의식적으로 글을 쓰든, 글이 나오는 곳은 모두 내부의 세계라는 것이다. 따라서 외부세계의 같은 사건이라고 해도 그것을 받아들이는 내부세계에 따라 전혀 다른 글이된다.

PART 4

알아차림
글쓰기

에고가 독재자가 된 까닭은?

독재자 에고는 변신에도 능해서 수시로 검열관, 감독관, 사정관으로 역할을 바꾸며
우리를 괴롭히고 글을 쓰려고 하는 의도를 초장에 꺾어버린다.

─────────── 그는 인기작가의 베스트셀러가 정말 글을
잘 써서 베스트셀러가 되고 인기작가가 된 것인지 궁금했다. 인기
와 책 판매량이라는 시장의 가치는 변함이 없는 것인지 알고 싶었
다. 그는 상당히 무모해 보이는 실험에 들어갔다.

우선 유명작가의 베스트셀러 소설 한 편을 선정해 내용을 그대
로 똑같이 타이핑하기 시작했다. 소설책의 글을 한 글자 한 글자
타이핑한다는 게 어디 보통 일일까? 하지만 그는 알고 싶었다.

마침내 타이핑을 끝내고 28개 유력한 문학잡지사와 출판사를
골랐다. 그리고 무명작가의 이름으로 원고를 보내서 출간을 의뢰

했다. 워낙 인기작가의 베스트셀러라 금방 들통이 나고 실험이 실패로 끝나버리면 어쩌나 두렵기도 했다. 그의 생각으로는 문학 잡지사와 출판사에서 무명작가의 이름으로 투고된 베스트셀러라는 사실을 모를 리가 없을 것 같았다. 역공을 당하지 않을까, 두려웠다.

하지만 그런 일은 일어나지 않았다. '도저히 책으로 출간할 수 없는 풋내기 글'이라고 혹평을 하면서 단칼에 퇴짜를 놓은 것이다. 답이라도 주었다면 다행이었다. 아예 답도 주지 않고 무시해버린 곳이 대부분이었다.

타이핑한 원고는 저지 코진스키의 『층계』였다. 불과 10년 전에 출간되어 '최고의 문학상The National Book Award'을 수상하고 50만 부 이상 팔려나간 베스트셀러였다. 그가 의뢰했던 문학잡지사와 출판사 중에는 코진스키의 '층계'를 출간했던 유명 출판사 '랜덤하우스'도 있었다. 그런데 '풋내기 글'이라고 무시하는 것이었다.

이 코미디 같은 일은 심리학자 로버트 치알디니의 『설득의 심리학』에 등장하는 '실제 사건'이다. 이 실험으로 권위를 자랑하던 출판사, 인기 작가, 베스트셀러는 민망해서 고개를 들기 어렵게 되었다. 물론 대부분 『설득의 심리학』을 읽었을 리도 없을 테니 민망할 필요도 없었겠지만.

사람 사는 세상에 이런 일이 어디 한두 번 일어날까? '나' 역시 비슷한 일을 경험했었다.

문단에 등단한 이후의 일이다. 굴지의 대기업 홍보팀에서 일하던 선배는 '나'를 글 좀 쓸 줄 아는 인물로 생각했던지, 본인이 맡고 있는 정기간행물 여러 개가 동시에 마감에 걸리자 일손이 부족하다며 편집과 교정 일을 '나'에게 부탁했었다. 정간물 모두 국내 최대 규모의 대기업이 발간하는 매거진이라 이름값이 상당했었다.

'나'는 퇴근 후 충무로로 향했다. 그 당시 출간을 위한 식자, 교정 회사들이 서울 충무로에 밀집해 있어서 마무리 작업은 주로 충무로에서 진행되었다. 선배는 가장 유력한 매거진의 두꺼운 교정지를 쭉 펼쳐놓고 진행상황을 설명해주고는 빨간 펜을 건네주며 교정을 보라고 지시했다.

선배의 지시대로 교정지를 들고 교정을 보기 시작했다. 그런데 중간쯤에서 너무나 유명한 작가가 쓴 글 앞에서 교정이 멈추었다. 작가 이름의 유명세에 눌려 조심스럽게 글을 읽어보니 잘 쓴 것 같기도 했지만, 다시 반복해서 읽어보니 엉성하다는 느낌도 들었다. 하지만 '나'로서는 단어 하나도, 맞춤법, 띄어쓰기마저 교정을 할 수가 없었다.

"저로서는 이 분 원고는 교정을 볼 수 없어요. 이렇게 유명한 분 원고를…"

'나'는 선배에게 '내' 능력의 범위를 넘어선 일이라고 못하겠다고 했다. 그랬더니 선배는 '나'를 비웃듯이 웃었다. 그러더니,

"이 작자 글 못 써. 엉터리야. 처음부터 다시 쓴다는 자세로 교
정을 봐."

'나'는 매거진 분야에서 뼈가 굵은 선배의 말에 큰 충격을 받았
었다. 하긴, 읽으면 읽을수록 글이 엉성하다는 느낌을 떨칠 수 없
었지만, 그렇다 하더라도 그는 이름만으로도 권위가 느껴지는 인
기작가가 아닌가?

'나'로서는 한 줄도 고칠 수 없었다. 선배는 약간 화가 난 듯 빨
간 펜을 들고는 거침없이 교정을 보기 시작했다. 원고는 거의 다
시 쓰다시피 해서 원고는 빨간색으로 거칠게 장식되어 있었다. 교
정된 원고를 읽어보니 원래의 원고는 비교가 되지 않을 정도로 글
이 좋아져 있었다. 당황해 하는 '나'를 향해 선배가 의미심장하게
말했다.

"다 그런 거야."

코진스키의 '층계' 실험과 '나'의 교정 경험은 놀랍다 못해 한
편의 개그 같기도 한 슬픈 이야기다. 그러나 단순히 웃기면서 슬
픈 이야기로 넘어가기에는 그 속에 심각한 문제가 숨어 있다. 바
로 독재자 에고의 생성이라는 문제다. 권위를 가진 것들은 함부로
우리들 마음속으로 들어와 모두 독재자 에고가 된다. 인기 작가라
는, 또 베스트셀러라는 시장의 권위 역시 무의식적으로 우리들 마

음속으로 들어와 독재자 에고로 변신하는데, 대중매체가 그 앞잡이 역할을 기꺼이 한다.

독재자 에고 중에서 가장 강력한 것은 부모의 말이다.

"작가가 되겠다고? 굶어죽으려고 작정했니? 닥치고 공부 열심히 해서 의사 돼야 해! 아니면 좋은 대학 나와서 대기업에 들어가든가!"

어릴 적부터 부모의 권위를 앞세운 이런 강요는 무소불위의 독재자 에고가 된다.

"넌 일기를 정말 못 쓰는구나! 한심하다, 얘!"

선생의 권위로 무장한 이런 비판 역시 독재자 에고가 된다. 이런 에고들은 한결같이 억압적인의 성격을 갖는다. 독재자 에고는 '나'의 허락도 없이 '나'의 안에 들어와 사사건건 '나'를 억누르고, 억압하고, 통제하고, 간섭하고, 화를 내고, 빈정거리고, 야유하고, 비난하고, 위협을 가하며 글을 못 쓰게 만든다.

독재자 에고는 변신에도 능해서 수시로 검열관, 감독관, 사정관으로 역할을 바꾸며 우리를 괴롭히고 글을 쓰려고 하는 의도를 초장에 꺾어버린다. 독재자 에고 앞에서 우리는 십중팔구 꼼짝도 못하고 도전을 포기해버린다.

참, 웃긴다. 그것도 글이라고 쓰는 거야?

평생 글 한 줄 안 쓴 주제에 뭘 쓰겠다고.

글은 타고나는 거야.

그래봤자 작가가 될 수 있을 것 같아?

글을 쓰느니 차라리 컴퓨터 게임을 하는 게 낫겠다.

이런 말들은 '내'가 하는 말이 아니라 '내' 안의 독재자 에고들이 하는 말이라는 사실을 알아차려야 한다. 이렇게 집요하게 독재를 하는데 어느 누가 함부로 저항할 수 있겠는가?

외부에서 무차별적으로 받아들인 권위라는 허위의 것들은 모두 독재자 에고가 된다는 사실을 명심해야 한다. 설사 그것이 옳고 바른 것이었다 해도 독재자 에고가 되면 지극히 위험하다. 우리가 무방비 상태에서 외부의 지시와 강요된 정보를 계속 받아들이는 한, 독재자 에고는 계속해서 커진다. 알아차리지 못한다면, 독재자 에고는 끊임없이 검열하고 비판하며 우리를 아무것도 못하는 무기력 상태로 몰고 갈 것이다.

선각자들은 독재자로부터 벗어나는 길은 알아차림뿐이라고 지속적으로 가르침을 주고 있다. 알아차림이 본성을 지키는 경계병이 되어야 한다는 것이다.

외부세계는 내부세계의 반영이다

알아차림을 하면 조금씩 달라지기 시작한다. 알아차리는 순간, 외부세계의 사건에
휘둘리는 무기력한 주인공으로부터 내부의 의식세계로 돌아온다.

─────────── 더 큰 문제는 일단 '내' 안으로 들어오고 나
면 독재자는 쉽게 '나'를 떠나지 않으려고 한다는 것이다. 독재자
들은 대부분 오랫동안 '나'의 내부세계에 자리를 잡고 지배해오고
있는 오래된 것들이다. 에크하르트 톨레는 독재자 에고를 떠나보
내는 방법은 오직 알아차림뿐이라고 가르침을 준다. 독재자가 누
구인지, 또 언제 준동을 하는지 알아차릴 수만 있다면 충분히 가
능하다는 말이다.

그렇다면 독재자가 누구인지 한번 알아차려보자. 바로 앞에서
도 등장했지만 부모일 가능성이 가장 크다. 형제자매, 친인척일 수

도 있고 학창시절 선생일 수도 있다. 내부세계를 잘 살펴보면 누가 '나'의 독재자 에고로 변장하고 있는지 알아차릴 수 있다. 알아차림을 지속한다면, 독재자가 워낙 강해서 떠나보낼 수는 없다고 하더라도 입을 다물게 할 수는 있을 것이다. 사실 독재자 에고는 '내'가 아니라 외부세계에서 '나'의 내부세계로 들어와 '내' 안에서 존재하는 타인의 권위인 셈이다.

외부세계와 내부세계를 구분하면 에고 독재자를 알아차리는 데 많은 도움이 된다. 일기를 꾸준히 써온 사람이라면, '나'를 경계로 두 개의 세계가 존재한다는 사실을 알고 있을 것이다. 두 개의 세계는 사건이 일어나는 외부의 세계와 그것을 경험하는 내부의 세계다.

분명한 것은, 두 개의 세계를 의식적으로 알고 글을 쓰든, 무의식적으로 글을 쓰든, 글이 나오는 곳은 모두 내부의 세계라는 것이다. 따라서 외부세계의 같은 사건이라고 해도 그것을 받아들이는 내부세계에 따라 전혀 다른 글이 된다.

의식수준이 다른 두 사람이 산책을 하는데 갑자기 비가 오는 '사건'과 내부세계의 반응을 예를 들어보자.

우산도 없는데 비가 와서 짜증이 나고 기분이 나빠졌다.
산책 중에 모처럼 비가 와서 촉촉하고 기분이 좋았다.

한 사람은 기분이 나빠졌지만, 또 한 사람은 기분이 좋아졌다.

외부세계의 사건이 내부세계의 성격에 따라 완전히 다른 글로 표현되는 것이다.

이번에는 좀 더 사건 같은 '사건'이 일어났을 때의 상황을 보자. 내부세계의 의식수준이 크게 차이 나는 두 사람이 운전을 하는데 갑자기 차 한 대가 급하게 끼어들기를 하는 '사건'이 벌어진다면 어떻게 될까?

이런 죽일 놈! 당장 쫓아가서 혼내줘야지. 가만 안 둘 거야.
운전 참 위험하게 하네. 화급을 다투는 일이 있는 모양이다. 사고 나지 말길.

잠깐 사이의 무의식적인 반응 같지만, 각자 내부세계에서 경험하는 의식수준에 따라 크게 달라진다. 곧 두 사람은 전혀 다른 세계를 창조할 것이다. 알아차림 수행을 하는 사람은 사고가 날 뻔한 '사건'으로부터 온전할 가능성이 높다. 사건이 일어나는 그 순간에는 알아차림을 놓쳤다 해도, '욱!'하는 마음으로 급히 끼어들기를 한 차를 쫓아가다 곧 알아차림을 하고 놓아버릴 수도 있다.

특히 알아차림 글쓰기를 하는 사람이라면, 다음날 운전대를 잡는 순간에도 끼어들기의 스트레스를 놓아버리고 안전운전을 할 가능성이 높다. 글이 되어 나오는 곳이 내부세계이며, 그곳에서 알아차림을 했기 때문이다.

외부세계는 언제나 내부세계의 반영이다.

에크하르트 톨레는 외부세계에서 일어나는 '사건'들은 내부세계를 외부로 투사한 결과라고 설명한다. 언뜻 받아들이기 어려운 말이다. 외부세계의 '사건'들은 '나'의 의지와는 상관없이 일어나는 것처럼 보이기 때문이다. 하지만 선각자들은 삶은 외부세계가 아니라 내부세계에 의해 결정되는 것이라고 말하고 있다. '이 세상은 거울들의 세계에 불과하다'고 말하는 선각자들이 부지기수이며, '세상을 거울로서 보라. 세상이란 모두 마음이 비친 것이다'라고 시적으로 아름답게 가르침을 주는 선각자도 있다.

그러나 일상생활에서 외부세계와 내부세계를 구분하기는 쉽지 않다. 알아차림을 하면 조금씩 달라지기 시작한다. 알아차리는 순간, 외부세계의 사건에 휘둘리는 무기력한 주인공으로부터 내부의 의식세계로 돌아온다. 알아차림 글쓰기를 생활화한다면 외부세계의 사건에 휩쓸려 다니는 '나'를 멈출 수 있다. 무엇보다도 내부세계에 머물면 글이 좋아진다. 글을 잘 쓰는 사람들이 내면의 의식세계를 치밀하게 잘 표현하는 이유가 있는 것이다.

내가 왜 일찍부터 삶의 이면을 보기 시작했는가.
그것은 내 삶이 시작부터 그다지 호의적이지 않다는 것을 알았기 때문이다. 삶이란 것을 의식할 만큼 성장하자 나는 당황했다.

이 글(은희경 '새의 선물' 도입부)은 삶이라는 외부세계의 사건으로부터 '나'를 구분하고 있다. 작가들은 이런 글을 보고 치밀하다고 평한다. 굳이 전문작가가 아니더라도 내부세계를 주시하면서 내부세계에 머물면 글이 치밀해진다.

두려움과 수치심이라는 보석상자

글쓰기는 우리가 마주하기 싫은 수치심, 죄책감, 후회,
두려움 같은 감정과 정면으로 마주할 수 있는 공간을 마련해준다.

──────────── '나'로 변장한 독재자 에고는 훈시와 참견,
명령, 독설, 잔소리를 멈추지 않는다. 알아차림을 하지 않는다면
우리는 독재자에게 휘둘릴 수밖에 없다. 독재자는 우리들 마음속
에 수치심과 죄책감, 두려움 같은 낮은 의식수준의 감정들을 계속
해서 쌓아놓는다. 엄청난 능력을 갖고 있으면서도 발휘하지 못하
는 사람들 상당수는 내면의 독재자에게 짓눌려 있기 때문이다.

독재자 에고에 대항한다 해도 수치심과 죄책감, 두려움과 싸우
느라 이미 지칠 대로 지쳐서 아무것도 할 수 없는 경우가 많다. 데
이비드 호킨스 박사에 따르면 우리 인류의 75%가 수치심, 죄책

감, 후회, 두려움 같은 낮은 의식수준 상태에 머물러 힘든 삶을 살고 있다고 한다. 75%라면 거의 대부분의 사람들이 그렇다는 이야기다.

그런데 글쓰기는 우리가 마주하기 싫은 수치심, 죄책감, 후회, 두려움 같은 감정과 정면으로 마주할 수 있는 공간을 마련해준다. 기억이나 생각으로 마주하면 숨거나 도망치거나 싸우고 싶지만, 글로 마주하면 거리를 두고 바라볼 수 있는 약간의 공간이 생긴다. 그 작은 공간에서 거리를 두고 수치스럽고, 죄책감에 사로잡히고, 후회하고, 두려워하는 일들을 글로 써본다. 그것들이 글로 나타날 때는 의외로 빛을 발하기 시작한다. 아픈 감정들로 가득한 마음이 오히려 글쓰기의 보석상자가 되는 것이다.

경비실에서 수위가 몸수색을 한다. 생산현장의 부품을 몸에다 숨겨 바깥으로 빼돌릴까봐 하는 몸수색이다. 포장반의 서선이가 수색을 위해 가슴께에 달린 주머니를 들추는 수위의 손을 탁, 뿌리친다.

그녀는 자신이 겪은 일을 다른 사람의 경험인 듯 담담하게 글로 쓰고 있다. 마치 글로 그림을 그리듯이 덤덤하게 묘사한다. 그녀는 매일 퇴근시간마다 몸수색이라는 수모적인 일을 당해야 한다. 공장근로자이기 때문이다. 그녀는 속된 말로 '공순이'다. 가난때문에 공장에 취직해서 돈을 벌고 있기는 하지만 꿈을 포기하지 않고 야간학교에 다니고 있다. 이제 겨우 17세인 그녀를 괴롭히는 것은 가난과 노동뿐이 아니다.

　지 맘속으로 찍으면 이 계장 그놈 얼마나 추근대는 줄 아니? 그러다가 안 되면 온갖 구박을 다 하는 그런 놈이야.

　공장에는 어린 소녀들을 추행하려고 먹잇감을 노리듯 호시탐탐 기회를 엿보는 악한이 있다. 소녀들은 서로에게 조심하라고 경고를 주고받지만 놈의 음흉한 눈초리를 피할 수 없다. 이렇게 사면초가의 힘든 상황에서도 그녀는 손에서 책을 놓지 않는다. 종일 노동에 시달리고 퇴근 후에는 학교에 다니면서 책을 읽고 글을 쓴다. 그녀의 꿈은 작가다. 불가능해 보이는 희망이지만 꿈을 놓지 않는다.

　모두 학교에 갈 때 공장으로 출근하고, 모두가 퇴근할 때 야간학교에 가야 하는 현실은 견디기 힘든 고통이며, 부끄럽고, 수치스럽고, 두려운 경험이었을 것이다. 수치심과 슬픔, 두려움으로 가득 찬 그런 흑역사는 머릿속으로 떠올리고 싶지 않았을 것이다. 결코 어느 누구에게도 말하지 않으려 꼭꼭 숨겨놓고 싶었을 것이다. 세월이 한참 흘러갔다고 해도 그때의 기억이 떠오르면 무기력해져서 아무것도 하지 못했으리라.

　그런데 그녀는 글로 썼고 장편소설로 발표했다. 이미 문단에서 주목을 받고 있던 그녀의 장편소설 『외딴방』은 곧 큰 반향을 일으켰다. 그러자 하이에나처럼 주목거리를 찾아 떠도는 언론은 즉각 '공순이'였던 그녀의 과거를 기사로 써서 올리기 시작했다. 그런데 그녀는 개의치 않았다. 오히려 덤덤했다. 필자와 비슷한 시기에 문단에 등단하고, 한 문학예술지에 신예작가라는 타이틀 아래 함께 글을 올렸던 신경숙에게서 '나'는 용기라는 높은 의식수준을 보았다.

정신의학자들은 수치심은 대부분 성장기 마음의 저변에 들러붙어서 어른이 되어서도 강력하게 지배한다고 말한다. 정신의학적 관점에서 수치심은 고통을 피하고 상처받지 않으려는 전형적인 대응장치라고 한다.

수치심은 단순히 의지만으로 극복하기 어려운 거대한 적이라는 것이다. 그러나 글 앞에서 수치심은 적이 아니다. 글을 쓰는 사람에게는 수치심은 소중한 보물이 되곤 한다. 죄책감과 슬픔, 두려움도 마찬가지다. 꼭꼭 숨겨놓고 싶었던 고통스러운 감정들이 글을 쓸 때는 거대한 보물창고가 되는 것이다.

이미 앞에서 등장했던 카프카, 도스토예프스키, 프로이트 같은 인물들을 통해 보더라도 수치스러운 사건은 분명히 글쓰기를 위한 가능성의 세계였다. 수치심을 느꼈던 일은 떠올리기 싫고 피하고 싶은 아픈 기억이지만, 글쓰기로 받아들이면 치유와 극복을 위한 강력한 모티브가 될 수 있다.

'나도 작가가 되고 싶다, 아니 되어야겠다…', 이런 생각이 자꾸 든다면 신경숙의 글쓰기에 주목할 필요가 있다. 신경숙의 많은 소설들은 성장소설의 형식을 띄고 있다. 성장소설이란 곧 일기다.

실제로 모든 글쓰기의 출발점은 일기다. 일기와 친척 관계에 있는 글쓰기는 편지다. 터놓고 말할 상대가 있다면 편지로 글을 쓴다. 없다면 본인에게 쓰는 편지여도 좋다, 일기를 쓰다가 슬쩍슬쩍 편지 형식으로 쓰면 더욱 좋다. 시가 떠올라서 일기 속에 시를 써 넣는다면 금상첨화다.

글로 에고를 품어주면

이렇게 무수한 '나'들 중에서 하나를 선택해서 주인공으로 쓰는
글쓰기 수행은 생각보다 어렵지 않다. '나'를 1인칭이 아니라
3인칭으로 지칭하는 것이다.

──────── 알아차림을 위한 일기, 편지를 넘어 작가를
꿈꾼다면 에고를 역으로 활용할 수 있다. 시작은 언제나 그렇듯
이 에고를 잘 살펴보고 알아차리는 일이다. 알아차림을 일상화한
다면 에고는 단 하나의 '나'로 존재하지 않는다는 실체를 알아차
릴 수 있다. 가부좌명상을 해도 좋고 꽃을 바라보며 묵상을 해도
좋다.

인간의 성격과 심리를 분석하는 방법으로 가장 널리 사용하는
'에니어그램Enneagram'을 최초로 체계화한 선각자 게오르기 구르
지예프Georgii Gurdzhiev는 '에고는 하나가 아니라 무려 수백, 수천에

이른다'고 가르쳤다. 이들 수백, 수천의 '나'들은 우연한 사건이나 교육, 모방, 독서, 종교, 계급, 전통 등으로 생성되며, 다수의 강한 나가 다수의 약한 나를 지배한다고 강조했다.

> 인간은 어떠한 개별적인 '나'도 없습니다. 대신에 수백, 수천의 작은 '나'가 있습니다. 이들은 서로 모르고 접촉하는 일이 없습니다. 오히려 서로 적대적이고 상호배타적이며 공존할 수 없는 경우가 흔합니다.

구르지예프는 제자들에게 이렇게 가르치곤 했었다. 에고가 처한 시간이나 공간에 따라 바뀌는 정도가 아니라, 무수하게 많은 '나'가 내 안에 존재하며 심지어 그들은 서로 적대적이기까지 하다는 것이다. 다중인격자가 아니더라도 흡연을 하면서 건강염려증 때문에 건강식품에 집착하는 사람을 보면 고개가 끄덕여질 수 있다. 구르지예프는 수많은 '나' 중에서 '나'의 중심 성격을 드러내는 대표적인 '나'가 있다고 말한다. 구르지예프의 가르침은 앞서 등장했던 선각자들보다 훨씬 더 노골적이고 극적인 것 같다.

이러한 앎에 기반을 두고 인간의 내면세계를 체계화한 구르지예프의 '에니어그램'은 지금 이 순간에도 세계 곳곳에서 깊이 있게 연구되고 있으며, 또 '나'의 자각과 변화를 위한 '무브먼트 Movement'는 전 세계는 물론 우리나라에서도 훌륭한 수행방법으로 인정받아 여러 명상단체에서 채택하고 있다. 노골적이거나 극적인 가르침이 아니라 사실적이라고 말할 수 있는 것이다. '나'를 잘 살펴보고 지속적으로 알아차림을 수행한다면 얼마나 많은 '내'가 있는지 알아차릴 수 있다.

중요한 것은 '나'의 안에 '내'가 셀 수 없을 정도로 많다는 에고의 실체일 것이다. '나'에 대한 관찰을 통해 이 에고들을 알아차릴 수 있다면, 글의 주인공으로 역할을 부여할 수 있다. 이때 가능하면 '나'를 '그'로 바꾸는 것이 좋다. 그러면 '나'로부터 한발 떨어져 나오는 객관화가 된다.

이렇게 무수한 '나'들 중에서 하나를 관찰하고 선택해서 글의 주인공으로 쓰는 알아차림 글쓰기 수행은 생각보다 그렇게 어렵지 않다. '나'를 1인칭이 아니라 3인칭으로 지칭하는 것이다. 예를 들면,

다이어트 3일째, 냉장고에서 아이스크림을 발견한 '나'는 거의 미치는 줄 알았다. '나'는 살을 빼고야 말겠다는 다짐을 까맣게 잊은 채 아이스크림으로 달려들었다.

'나'를 '그'로 바꾼다.

다이어트 3일째, 냉장고에서 아이스크림을 발견한 '그'는 거의 미치는 줄 알았다. '그'는 살을 빼고야 말겠다는 다짐을 까맣게 잊은 채 아이스크림으로 달려들었다.

'나'를 '그'로 바꾸기만 해도 반발 떨어져서 '나'를 바라볼 수 있게 된다. 만일 '그' 대신 에고에게 특정한 이름을 붙이면 한발 정도 더 떨어져서 '나'를 바라볼 수 있게 된다. '그'를 '충식'이라는 이름의 제3자로 바꾼다.

다이어트 3일째, 냉장고에서 아이스크림을 발견한 충식은 거의 미치는 줄 알았다. 충식은 살을 빼고야 말겠다는 다짐을 까맣게 잊은 채 아이스크림으로 달려들었다.

이렇게 되면 글은 일기를 넘어 스토리가 있는 글로, 시로, 소설로, 에세이로, 논픽션으로, 다큐멘터리로, 드라마로, 시나리오로 발걸음을 옮기기 시작한다. '내' 안의 수많은 에고들은 주인공이 되어 예술작품으로, 한 권의 책을 향해 나아갈 수도 있다. 에고에 대한 알아차림이 새로운 글의 길을 여는 것이다.

이렇게 '나'를 3인칭으로 바꾸게 되면 소설이나 드라마, 영화에서 말하는 소위 3인칭 전지적 시점이 되는데, 그 주인공은 바깥에서 찾는 것이 아니라 '내' 안에서 찾는 것이다. 경험적으로 이 방법은 기획서나 보고서를 쓸 때도 매우 효과적이었다.

알아차림 글쓰기를 위한 문법

언어생활에 형용사, 관형사, 부사를 남발하면 삶이 불편해지고
스트레스가 커진다. 글이 감정에 휩싸여 엉망이 될 가능성이 높다.

───────────── 알아차림 글쓰기를 할 때 주의할 문법은 관
형사나 형용사, 부사를 자제하는 것이다. 적어도 글이 일정 수준
에 도달하기까지는 '꾸며주는 역할을 하는' 품사들은 피하는 편이
좋다.

지금부터는 문법적 용어가 등장하니 좀 어려울 수도 있을 것이
다. 그렇다고 굳이 전부 다 이해하지 않아도 된다. 핵심은 주어와
서술어로 단순명료하게 쓴다는 것이다. 다음과 같이 단문으로 글
을 쓴다.

민들레 씨가 날아올랐다.

산들바람이 얼굴을 만진다.

바위가 인사를 한다.

모두가 살아 있었구나.

관형사는 명사나 대명사 앞에서 '꾸며주는' 역할을 하는 것으로 '새' '헌' '모든' '첫'과 같은 단어다. 형용사 역시 피하는 편이 좋다. 형용사는 명사나 대명사의 성질, 모양, 색깔, 크기 등을 설명하거나 '꾸며주는' 역할을 한다. '크다' '작다' '좋다' '나쁘다' '깨끗하다' '더럽다' '기쁘다' '슬프다'를 예로 들 수 있다. 부사, 부사어는 주로 동사나 형용사, 그리고 같은 부사를 '꾸며주는' 역할을 한다.

우리는 말을 하거나 글을 쓸 때 흔히 관형사나 형용사, 부사를 일상적으로 과도하게 사용한다. 무의식적으로 남발한다. 그런데 이들 관형사, 형용사, 부사는 '새 것'과 '헌 것', '부유하다'와 '빈곤하다', '저절로'와 '일부러'처럼 외부의 사물이나 상황, 개념을 극단적으로 꾸미고 대비시킨다. 따라서 감정을 동반하는 역할을 한다. 감정을 동반하다 보니 언어가 되어 나오면서 에고를 증폭시키고 생각을 폭발시켜 실제보다 과장하게 만든다.

문제는 이들에 의해 증폭된 감정과 폭발된 생각에 따라 우리가 판단을 하고 결정을 할 때이다. 이런 증폭된 판단이 습관이 되어 머릿속에 분류표를 만든다면 문제다. 더구나 증폭된 에고의 감정과 폭발된 생각에 따라 행복과 불행이 결정된다면 더 큰 문제다.

머릿속 분류표가 일단 자리를 잡으면 외부의 상황을 순식간에 판단하고 결정하는 도구(앞서 언급했던 카너먼과 트버스키의 '어림짐작')가 되어 삶을 왜곡한다. 그런데 우리들 대부분이 이런 식으로 머릿속 분류표에 의해 살아가고 있는 것이 현실이다.

골목길을 지나가다 '아주' '기분 나쁘게' 생긴 '날카로운' 남자가 벽에 '껄렁하게' 기대어 있는 것을 언뜻 보고는 '위험한' 사람이 서 있다고 생각한다. 집에 들어와서는 가족들에게 동네에 '해로운' 사람이 서 있으니 '아주' 조심해야 한다고 말한다.

관형사와 형용사, 부사는 모두 감정을 앞세운다. 그래서 말하는 사람이나 듣는 사람으로 하여금 억측 상태로 몰고 간다. 머릿속 자동분류표에 즉각 의존해 사실을 왜곡한다. 그리고 드디어 온갖 망상이 펼쳐지기 시작한다. 거지, 도둑, 강도, 성폭행범, 인신매매범…. 그런데 그가 뇌혈관 질환으로 당장 도움이 필요한 상황이라면, '나'에게 도움을 주기 위해 찾아온 먼 친지라면, 범인을 잡기 위해 잠복 중인 형사라면….

'남루한 행색의 늙은 거지를 보니 돌아가신 어머니 생각이 나고 불쌍해서 먹을거리를 제공하고 옷가지와 약간의 돈을 제공하는 등 온정을 베풀었는데, 나중에 알고 보니 그녀가 큰 부자였으며 그 자식들로부터 분에 넘치는 감사의 선물을 받게 되었다'는 뉴스 속 미담은 거지라는 분류표를 단지 어머니로 바꿨기 때문에 가능했을 것이다.

언어생활에 형용사, 관형사, 부사를 남발하면 무엇보다도 삶이 불편해지고 스트레스가 커진다. 글쓰기 역시 마찬가지다. 글이 감정에 휩싸여 엉망이 될 가능성이 높다. 이럴 경우, 글을 쓴다고 해도 알아차림이 되지 않는다.

만일 어린 자녀가, 학교에서 친구들은 '모두' 스마트폰으로 게임을 하고, 수학시간에는 '모두 다' 책상에 엎드려 잠을 자고, 쉬는 시간에는 '전부' 왕따놀이를 한다고 일기를 쓴다면 오류를 범하고 있는 것이다. 바로 '꾸며주는' 부사를 바로잡는 글 교정을 해주어야 한다. 그렇지 않으면 올바른 판단과 거리가 먼 삶을 살게 될지 모른다.

알아차림 글쓰기는 가능하면 주어와 서술어로, 다시 말해 명사(주어)와 동사(서술어)로 시작해야 도움이 된다. 물론 주어와 서술어 사이에 목적어를 넣어도 좋다. 그러면 감정으로부터, 특히 우리의 삶을 불편하게 만드는 낮은 감정의 에너지장에 물들지 않게 된다. 주어와 목적어, 서술어로 글을 쓸 때 복잡한 생각을 정돈하고, 자신에게서 한발 떨어져서 스스로 객관화하고, 몰입할 수 있다.

아무리 그렇다고 해도, 어떻게 주어와 서술어로만, 더한다면 목적어만을 사용해 글을 쓸 수 있을까? 이렇게 질문할 수 있다. 앞서 등장했던 루미의 시 '육체가 터놓고 하는 말'을 살펴보자.

부활의 날, 당신의 육체가 시험합니다.
당신의 손은 말합니다.

"나는 돈을 훔쳤다."

당신의 입술은 말합니다.

"나는 비열한 말을 했다.

당신의 발은 말합니다.

"나는 가지 말아야 할 곳을 갔다."

글 속에 관형사와 형용사, 부사가 극히 억제되어 있다. 거의 주어와 목적어, 서술어로만 되어 있다. 그런데도 하고 싶은 말을 다하며 '나와 몸의 관계에 대해' 날카로운 질문을 던지고 있다. 시란, 숨겨진 의도를 모호한 상징과 겹겹의 은유를 통해 어렵게 쓰는 것인 줄로만 알고 있었는데…, 시인은 이렇게 쉽고도 간단하게 주어와 목적어, 서술어로 놀랍도록 간단명료하면서도 의미심장하게 글을 쓸 수 있음을 우리들에게 가르쳐주고 있다.

글쓰기를 위해 첨언한다면, 진짜 글을 잘 쓰는 작가들은 '꾸며주는' 글을 즐겨 사용하지 않는다. 주어와 서술어로 간단명료하게 표현한다. 서정인의 소설 「철쭉제」에 등장하는 대화를 보자.

A: "우리 여기 좀 자요."

B: "여기서?"

A: "…"

B: "여기서 사람이 자겠나?"

A: "이슬은 피할 수 있지 않아요?"

B: "내가 왜 여길 진즉 생각 못했지?"

A: "여기다 여관 지으면 돈 벌 텐데, 왜 안 지어요?"

B: "허가가 안 나온다. 사람도 없고. 사람이 항상 이렇게 많나?"

A: "오늘은 왜 이렇게 많아요? 항상 이렇게 많은 것 아녜요?"

B: "철쭉제가 있어서 안 그렇나. 철쭉제 보러 온 거 아니냐?"

A: "철쭉제라뇨?"

절묘하다. 단문으로 딱딱 잘라서 썼는데 글이 강렬하다. 왜 그럴까? 주고받는 대화는 질문과 대답의 형식이 아니라 질문과 질문의 형식이기 때문이다. 단순하면서도 창의적인 대화를 통해 작가는 '알 수 없는' 현실이 드러날 듯 드러나지 않을 듯하며 독자에게 호기심을 유발한다. 단순하게, 간단하게, 명료하게, 이런 글쓰기가 알아차림 글쓰기의 기본이다.

진우가 걷고 있어요.

우리는 어린 시절 말을 배울 때 이렇게 말하곤 했었다. '내가 걷고 있다'는 문장에서 '나' 대신 '이름'을 넣곤 했다. 진우는 바로 '나' 자신인데, '나'라는 말 대신 자신의 이름을 넣었던 것이다. 자신을 3인칭 관찰자 시점에서 보고 글을 쓰면, 주어 술어로 글을 쓰기가 수월해진다. 무엇보다 중요한 것은 객관화가 저절로 된다.

202

수도꼭지가 눈물을 흘려요

이 말은 필자의 아들이 어린 시절 말을 배우면서 했던 말이다. 느슨하게 잠긴 수도꼭지에서 물이 뚝뚝 떨어지는 모습을 이렇게 절묘하게 표현했던 것이다. 20년이 더 지난 지금도 이 한마디를 또렷하게 기억하는 것은 관형사, 형용사, 부사가 없이, 주어, 목적어, 서술서로 이루어진 참으로 멋진 표현이기 때문이다.

그런데 아들은 유치원, 초등학교를 거치면서 이렇게 창의적으로 말하고 글을 쓰는 능력을 잃어버렸다. 관형사와 형용사, 부사를 남발하기 시작했다.

알아차림 글쓰기를 위한 수사법 Ⅰ

역설은 세상을 직선적·선형적이 아니라 곡선적·비선형적인 상황까지 볼 수 있게
만들어준다. 에고의 지배에서 벗어나 '있는 그대로' 보게 된다.

──────────── 수사법은 글의 표현방법으로 과장법, 은유
법, 대구법 등이 해당된다. 과장법은 알아차림을 방해하니 당연히
피해야 할 것이다. 알아차림 글쓰기, 다시 말해 명상하는 글쓰기를
위해서 꼭 알아두어야 할 수사법은 역설법이 있다.

역설이란 사전적 의미로 보면 '논리적 모순을 일으키는 논증으
로 그 속에 중요한 진리가 함축되어 있는 것으로 간주한다'라고
되어 있다. 앞뒤가 맞지 않지만 그 속에 어떤 참된 의미가 있다는
뜻이다.

역설은 'Paradox'라는 영어 표현이 더 익숙할 때도 있다. 역설

이란 세상이 원인과 결과로 똑바로 나가는 직선이라고 생각했는데, 뜻밖에도 직선이 아니라 휘어지고 원을 그리기도 하고 뒤돌아가기도 한다는 의미다. 비선형이라는 것이다.

삶을 뒤돌아보니 모든 일들이 마치 그렇게 되기 위해서 그렇게 된 듯 보인다.

위인들의 자서전을 보면 대개 과거를 회상하는 식으로 자신을 객관화해서 서술한다. 그래서 위인전을 읽다 보면 위와 같은 문장이 자주 등장한다. 이 글에 역설이 들어 있다. 다시 말해 '결과가 원인을 지배한다'로 받아들일 수 있는 것이다.

자서전에서만 이런 글을 볼 수 있는 것은 아니다. 인생을 살만큼 산 현자들이 자신의 삶을 회상할 때도 이런 역설적인 표현을 하곤 하는데, 그것은 마치 결과가 원인을 지배한다는 의미로 들린다. 자식이 태어난 것도 내가 결혼을 해서가 아니라 자식이 태어나려고 내가 결혼한 것이고, 사회사업을 하기 위해서 돈을 번 것이 아니라 사회사업을 하게 되어 있기 때문에 돈을 번 것이라는 등 역설적이고 비선형적인 말을 자주 한다. 선각자들은 깨우침을 위해 역설을 즐겨 사용했다.

세상살이에 곤란함이 없기를 바라지 말라. 세상살이에 곤란함이 없으면 업신여기는 마음과 사치한 마음이 생기나니. 그

래서 성현이 말씀하시되 근심과 곤란으로써 세상을 살아가라
하셨느니라.

위의 글은 불교의 보왕삼매론寶王三昧論에 나오는 글이다. 우리
는 모두 근심과 곤란을 겪지 않고 편안하고 넉넉하게 살아가려고
애를 쓰는데, 그 바람에 오히려 오만과 사치에 사로잡혀 더 큰 근
심과 곤란을 불러온다는 것이다. 근심과 곤란을 당연한 것으로 받
아들이고 살아가라고 역설적 수사법으로 깨우쳐주고 있다.

사실 우리는 매일 역설적인 일을 겪고 있다. 지각을 해서 허겁
지겁 사무실로 뛰어 들어갔는데 '내'가 제일 먼저 출근하기도 하
고, 맛있는 음식이 빈틈도 없이 차려진 근사한 식탁 앞에서 특정
한 한 사람 때문에 마음 놓고 먹지 못하기도 하고, 봄기운을 느끼
려고 가볍게 입고 소풍을 나왔다가 느닷없는 폭설에 한파를 겪기
도 한다.

역설은 직선적이었던 원인과 결과가 뒤바뀌는 것뿐 아니라 엉
뚱한 방향으로 휘어지거나 꺾어질 때도 일어난다. 프레젠테이션
을 시작하기 전, 최고경영자가 미리 격려의 박수를 쳐주는 바람에
참석한 사람들 모두가 열화와 같은 박수를 보내주었고, 그 결과
성공적으로 프레젠테이션을 마치기도 한다. 진지하고 무거운 회
의를 주재하던 책임자가 생리적 현상을 참지 못하고 방귀를 뀌는
바람에 모두들 한바탕 웃게 되고 회의 분위기가 순식간에 가벼워
지는 것도 역설이다. 만일 책임자가 화를 낸다면 낼수록 더욱 웃

기게 된다. 물론 속으로 웃느라 괴롭겠지만. 코로나 바이러스 때문에 공장이 멈추자 오히려 미세먼지가 사라지고 대기의 질이 좋아진 것도 역설이다.

항복할 때 승리한다.

위의 글은 물질 문명이 극성을 떠는 현대사회에서 영적 삶의 길을 안내해주는 릭 워런Rick Warren 목사가 예배를 보거나 글을 쓸 때 자주 사용하는 역설적 수사법이다. 워런 목사의 이 글을 보면 일단 말이 안 된다. 그러나 시험을 망쳐서 포기했는데 뜻밖에도 합격 통보를 받은 경험이 있다면 말이 되기도 한다. 중병에 걸려 다 포기하고 산에 들어갔는데 살아난 자연인의 증언을 들어봐도 말이 된다. 워런 목사 스스로도 하나님 말씀을 전할 때는 역설이 대단히 효과적이라고 강조한다.

릭 워런 목사의 글과 보왕삼매론의 글은 모두 역설을 사용한 수사법일뿐 아니라 내용마저도 크게 다르지 않다. 앞서 현자들이 '고통받고 있다는 것을 깨닫게 되면 자유로워진다'고 역설한 좋은 예가 바로 보왕삼매론과 워런 목사의 글이라고 할 수 있다.

선각자들은 역설이 깨달음에 크게 도움이 된다고 가르친다. 역설의 사전적 의미대로 '모순 속에 중요한 진리가 함축'되어 있어서, 역설 속에서 알아차리게 되고 진리가 보인다는 것이다. 역설은 세상을 직선적·선형적이 아니라 곡선적·비선형적인 상황까지 볼 수 있게 만들어준다. 그렇게 되면 에고의 지배에서 벗어나 '나' 자신과 주변의 모든 사물, 사건들을 '있는 그대로' 보고 알아차리기 시작한다.

　알아차림은 현존現存과 다르지 않다. 그렇게 되면 글도 크게 달라지기 시작한다. '나'의 관점에 집착하지 않고 '나'와 사물과 사건을 있는 그대로 쓸 수 있게 된다.

알아차림 글쓰기를 위한 수사법 II

역설은 우리 자신을 위한 알아차림 글쓰기에 매우 유용하다.
단순히 표현의 기법이 아니라 글의 콘셉트가 역설에서 나오기 때문이다.

─────── 사실 우리는 이미 학창시절 역설의 힘에 대해서 공부한 적이 있다. 그러나 주로 문제를 풀고 답을 고르는 방식으로 공부를 했기 때문에 직접 역설을 글로 쓰려고 하면 앞이 막막해진다. 그래서 역설은 하나의 수사법 정도로 받아들여지고 글쓰기의 변방에서 떠돌기 마련이었다.

그런데 역설은 비유법을 넘어 글을 잘 쓰기 위한 강력한 모티브가 되기 때문에 글을 쓸 때 자유롭게 사용할 수 있어야 한다. 특히 일기 쓰기 차원을 넘어 시나 소설, 수필 등 작가로, 또 자기만의 지식과 경험을 책으로 쓰기 위해서는 역설을 사용할 줄 알아야 한다. 역설은 '나' 에고를 알아차리기 위한 글에도 훌륭한 도구이며, 설득과 공감을 위한 도구이기도 하다. 특히 선각자들은 모두 역설에 능했다.

색즉시공 色卽是空 공즉시색 空卽是色

부처의 이 유명한 말은 역설의 진수를 보여준다. 분명히 눈에 보이는데色 그 실체가 없는 것空이라니, 그리고 또 없는 것인 줄空 알았는데 있는 것이라니色. 부족한 한자 실력으로 해석해보지만 쉽게 이해할 수 없다. 그런데 한편으로는 이해가 갈 듯하다. 오른쪽 뇌가 작동하기 시작한다. 아름답게 피었던 꽃이 잠깐 사이에 시들고 사라지는 것을 기억하고는 수긍할 수도 있을 것 같다. 새까맣게 불타버린 숲에서 새싹이 돋는 것을 봐도 고개를 끄덕거릴 수 있다.

누가 네 오른쪽 뺨을 치거든, 왼쪽 뺨마저 돌려 대어라.

예수의 이 유명한 말 역시 역설의 진수를 보여준다. 언뜻 들어보면 이해가 되지 않고 오히려 화가 나기도 한다. 왼쪽 뇌가 먼저 작동했기 때문이다. 그런데 잠깐 사이 다시 한번 들여다본다. 지금 '나' 에고의 상황과 연결되어 뭔가 느낌이 올 듯하다. 오른쪽 뇌가 작동하기 시작한다. 앞서 릭 워런 목사의 '항복할 때 승리한다'는 말과 같은 뜻으로 받아들일 수도 있다.

선각자들이 역설에 능하고 역설을 즐겨 사용했던 이유는 우리 뇌의 기능을 잘 알았기 때문인 듯하다. 알다시피 우리의 뇌는 왼쪽 뇌와 오른쪽 뇌 두 편으로 나뉘어 있다. 왼쪽 뇌는 논리적인 사고를, 오른쪽 뇌는 직관적 사고를 담당한다. 우리는 주로 왼쪽 뇌 중심으로 살고 있으며, '나'라는 에고 역시 왼쪽 뇌에서 나온다는 학자의 주장은 이미 앞에서 언급한 바 있다. 그런데 역설은 왼쪽 뇌와 오른쪽 뇌를 모두 사용하게 한다. 직선적으로 해석하려는 왼쪽 뇌와 비선형적으로 해석하려는 오른쪽 뇌가 충돌을 일으킨다. 이 충돌은 사고를 깊이 있게 만들고 이해의 폭을 넓혀준다. 또 한번 글을 보면 절대 잊히지 않는다. 선각자들은 해부학을 공부하지도 않았는데, 어떻게 왼쪽 뇌와 오른쪽 뇌의 기능을 알았고, 뇌의 양쪽을 다 사용하게 하는 역설의 수사법에 능했던 것일까?

선각자들의 역설은 우리 자신을 위한 알아차림 글쓰기에 매우 유용하다. 또한 설득과 공감을 위한 글쓰기로도 아주 훌륭한 방법이다. 글을 잘 쓰는 작가들도 역설을 즐겨 사용한다. 단순히 표현의 기법이 아니라 글의 콘셉트가 역설에서 나오기 때문이다. 필자가 많은 책을 출간했던 경험을 살려 '누구나 책을 쓸 수 있다'는 발상으로 『일하면서 책쓰기』를 냈을 때, 콘셉트를 쉽게 적용하거나 활용하는 법을 알려달라는 주문을 많이 받았었다. 쉽고도 단순한 방법은 자신이 하고자 하는 말을 역설로 한마디를 만드는 것이다. 그렇게 되면 콘셉트가 된다.

역설을 사용하면 알아차림뿐 아니라 설득과 공감 그리고 기억하기 좋은 글이 된다. 시인 정호승의 역설의 글을 보자.

내 원수는 남이 갚아주는 법이다

글을 읽는 순간 이상하다는 생각이 든다. '나'에게 원한을 심어준 인간에 대해 나쁜 기억도 확 떠오른다. '내 원수는 내가 갚아야지…, 무슨 소리야?' 하면서 분노가 치밀어 오르다가도 잠깐 후에 공감의 느낌이 밀려와 고개가 끄덕거리려고 한다. 마음의 갈등이 시작되는 것이다. 글이 마음을 끌어당겨서 다 읽지 않고는 견딜수 없다. 글을 다 읽고 보니 공감이 오고 생각이 조금씩 바뀌기 시작한다. 그런 원한을 쌓이게 하는 인간은 '내'가 아니라도 누군가가 응징을 가할 것이 틀림없을 거라는 생각이 든다.

그래, 굳이 내가 나서서 원한과 응징으로 살아갈 필요가 없잖아! 그 놈도 결국 누군가로 인해 원한을 품게 될 테니까. 세상은 다 그런 것 같다.

글을 읽고 나면 이런 알아차림이 일어난다. 그래서 역설의 글을 잘 사용하는 작가의 좋은 글은 늘 곁에 두고 읽을 필요가 있는 것이다. 역설은 알아차림 글쓰기의 핵심이다. '나'를 알아차리는 가장 좋은 도구인 동시에 글쓰기에 능숙해지고 읽히는 힘이 있게 만드는 연장인 것이다. 역설적 발상은 글쓰기뿐 아니라 미술, 조각, 건축 등 창의적 표현을 위한 콘셉트가 바로 되기 때문에 알아둘 필요가 있다. 앎은 반복해서 익숙해지는 것이다.

감옥에 '나'를 가두어둔들

명상하는 글쓰기는 행복해야 한다. 이 책의 맨 처음 노예가 했던 것처럼
글을 쓰는 순간만큼은 고요하고 평화롭고 그러면서도 자유로워야 한다.

———————— 지금까지 '내' 안의 독재자를 내보내거나
침묵시키는 방법, 내부세계에 머물기, 낮은 의식수준의 감정을 글
로 끌어올리기, 수많은 에고를 활용하기, 명상하는 글쓰기의 문법
에 대해 살펴보았다. 이제부터는 '명상하는 글쓰기'에서 글쓰기의
비중을 높이는 단계다. 일기나 편지도 좋지만, 특정한 목적이나 스
토리가 있는 한 편의 완성된 글을 염두에 두고 글을 쓰기 시작한
다. 피터 드러커의 가르침대로 3~4시간 초고 집필에 집중하는 제
로 드래프트를 시작한다.

그런데 뜻한 대로 되지 않는다면, 3~4시간이 아니라 5시간을

투여해도 글이 되지 않는다면 어떻게 할까? 만일 원고 마감 날짜가 정해져 있다면, 억지로 쓰기는 글쓰기 자체가 짜증스런 일이 될 수 있다. 명상하는 글쓰기가 짜증을 창조해서는 곤란하다.

천부적인 창의력을 갖고 있던 친구는 글을 쓰기 전에 짜증을 많이 내곤 했었다. 같은 사무실에서 밤샘작업을 하는 경우가 종종 있었는데, 친구는 밤샘이라는 많은 시간에 글은 한 줄도 쓰지 않고 심야 텔레비전 방송만 보곤 했다. 그것도 재미없는 비인기 스포츠 경기를 집중도 하지 않고 멍하니 바라보기만 했다.

왜 글을 쓰지 않고 그러고 있냐고 물어보면 짜증을 내면서 실마리가 잡히지 않아서 그런다고 퉁명스럽게 대답하곤 했다. 친구는 거의 항상 그랬던 것 같다. '내'가 새벽 4시쯤 원고를 마무리하고 친구의 자리로 가보면 여전히 책상다리를 하고는 텔레비전을 보고 있었다. 피로와 고뇌로 가득 찬 친구의 얼굴을 바라보다 보면 '나'까지 고통스러웠다.

다음날 일정 때문에 소파에서 잠깐 눈을 부치려는 즈음, 어느새인가 친구는 노트북을 펼치고 뭔가 열심히 자판을 두드리기 시작했다. 타이핑 소리를 자장가 삼아 잠깐 잠을 자고 일어났을 때 친구는 비로소 원고를 끝냈다. 잠이 덜 깬 눈으로 읽어봐도 잘 쓴 글이었다. 감탄을 하며 친구의 얼굴을 보면, 엉망이 된 몰골로 졸려서 눈꺼풀을 들어 올리지도 못했다.

새벽까지 그 넉넉한 시간에 텔레비전을 보지 말고 진작 글을 썼더라면, 하고 안타까워하면 친구는 단호하게 아무것도 떠오르지 않는데 뭘 쓸 수 있냐고 하소연을 했다. 하긴 틀리지 않는 말이었다. 글을 쓰려면 분명히 뭔가 떠오르는 것이 있어야 한다. 그런데 아무것도 떠오르는 것이 없다면 글을 아무리 잘 쓴다 해도 소용이 없다. 분명히 떠오르는 무언가는 실마리가 아니라 영감이다.

억지로 쓴 글은 얕은 기교로 포장해서 썼을 뿐이다. 그런 글은 한눈에 알아볼 수 있다. 많은 작가들이 그런 글을 쓰지 않기 위해서 고뇌를 한다. 앞서 전업 작가들 중에는 글을 쓸거리가 떠오르지 않는다고 한탄을 하면서 작가가 된 것이 천벌이라며 괴로워하는 사람도 있다고 했었다. 작가들 중에는 일부러 감옥을 만들어놓고 스스로를 감옥에 가둬버리는 작가도 있을 정도다.

글을 쓰기 위해 자신을 감옥에 가두면 정말 글이 잘 될까? 글쓰기는 그렇게 강제로 되는 일이 아니다. 글쓰기는 단순한 노동이 아니기 때문이다. 따라서 어떠한 기법도 글쓰기를 KTX에 태워 초고속으로 보내버릴 수는 없다. 글쓰기를 하려면 먼저 머릿속에 영감이 떠올라야 한다. 영감이 떠오르지 않는 상태에서 글을 쓴다면 억지로 쓰는, 죽은 글이 되고 만다. 물론 글을 쓴 이가 인기 작가로 유명세를 누린다면 이름만으로도 로열티Brand Loyalty가 있기 때문에 억지 글도 잘 읽히겠지만, 그렇지 못한 작가들, 특히 글쓰기를 시작하는 초보 작가들은 혹독한 비난을 감수해야 한다.

중요한 것은, 명상하는 글쓰기는 작가가 행복해야 한다는 사실이다. 이 책의 맨 처음 노예가 그랬던 것처럼 글을 쓰는 순간만큼은 고요하고 평화롭고 그러면서도 자유로워야 한다. 그러기 위해서는 글을 쓰려고 무조건 책상에 앉지 않는 것이 중요하다. 지금부터 3시간 글을 써야지 하고 시간만 생각하고 글쓰기를 시작해서는 안 되고, 영감이 충분히 떠오른 다음에 글을 써야 한다. 영감을 듬뿍 안고서 앞서 언급했던 피터 드러커의 제로 드래프트를 시작해야 한다.

그렇다면 어떻게 영감을 떠올릴 수 있을까? 친구의 경우처럼 영감이 떠오르지 않는다고 괴로워하면서 텔레비전 앞에 앉아서 멍하니 재미없는 방송을 보거나 인터넷, SNS를 해서는 곤란하다. 영감은 집착하지 않을 때 떠오르기 때문이다. 그런데 에고가 지배하는 상태에서는 어려운 문제가 아닐 수 없다. 알다시피 에고의 주특기가 집착이기 때문이다.

내 안의 샘에서 떠오르는 영감

영감은 어디에서 오는 것일까? 영감이 떠오르는 곳은 내면의
'진정한 나'가 있는 곳이다. 그곳은 엄청난 에너지가 모여 있는 곳이다.

──────────── 어떻게 하면 영감이 잘 떠오르게 할 수 있
을까? 선각자들은 행복한 순간에 영감이 잘 떠오른다고 말한다.
선각자들이 말하는 행복한 순간은 고요하고 평화롭고 자유로운
순간이다. 아잔 브라흐마 같은 선각자는 '이 세상에서 진정 행복
한 순간은 오직 명상할 때밖에 없다'고 말하곤 한다. 명상은 곧 알
아차림이니 알아차림 글쓰기 역시 행복한 순간일 것이다.

만일 시간과 돈, 혹은 에고의 강박으로 압박받고 강제될 수밖에
없는 상황이라면, 더욱더 알아차림이 선행되어야 한다. 시간이 없
어서 죽겠는데 무슨 명상이고, 무슨 알아차림이냐고 에고는 강력

하게 저항할 것이다. 하지만 그럴수록 '에고를 바라보고 알아차리고 놓아버리는' 명상을 해야 한다. 굳이 선각자들의 말을 듣지 않더라도, 집착과 영감은 서로 반비례한다는 학자들의 연구결과는 머리에 새겨둘 만하다.

그림 4   집중·직관·고집의 상관관계

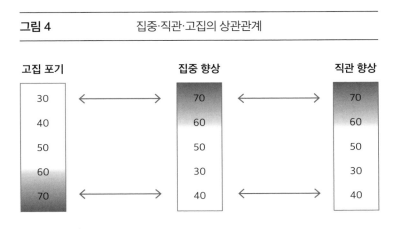

집착할수록 집중력과 직관력이 떨어지고 항복하고 포기할수록 집중력과 직관이 향상된다.

● 엘프리다 뮐러 카인츠, 『직관의 힘』 시아출판사

앞에서도 언급했지만 명상은 꼭 가부좌명상일 필요는 없다. 행복한 명상을 위한 가장 쉬운 방법은 걷기명상이 아닐까 한다. 혼자서 숲길이나 도심의 호젓한 길을 따라 걷는다. 걸으면서 나무와 풀과 꽃을 바라보고, 흙냄새를 맡고, 새들이 노래하는 소리를 듣고, 바람을 뺨으로 느껴본다. 삭막해 보이는 도시에도 나무와 풀, 꽃, 흙냄새, 새, 바람은 충분하다. 그것들을 느끼고 의식하면서 걷는다.

'나' 자신과 '나'를 감싸고 있는 공간의 존재들을 알아차리면서

천천히 걷는다. 그 순간에도 머릿속에서 끊임없이 떠들어대는 생각의 지껄임을 가만히 알아차리면서 걷는다. 그러다 보면 생각들도 하나하나 형상을 하고 있음을 알아차리게 된다. '내' 안팎은 모두 형상 있는 것들이 되고, '나'는 형상이 있는 것들을 알아차리는 시공간이 된다. 그것은 우리가 일상적으로 경험하는 시간과 공간과는 다른 것이다.

그때 어느 순간에 조용히 그러나 재빠르게 한 생각이 유성처럼 스쳐지나간다. 그 생각은 평상시 머릿속에서 쉬지 않고 지껄이는 잡념과는 전혀 다른 것이다. '내'가 주로 하는 생각과는 현저히 차이가 나는, 전혀 다른 차원의 생각이다. 그 생각은 지금 스스로 하고자 하는 것들, 글쓰기라면 글의 실마리가 되는 생각이다. 선각자들은 그 생각을 신의 메시지, 즉 영감이라고 한다. 물론 에고는 그것도 자신이 떠올린 생각이라고 악착같이 동일시하겠지만.

천국은 어떤 장소와 시간이 아니라네. 장소와 시간은 너무도 무의미하기 때문이다.

이 멋진 글은 작가 리처드 바크Richard Bach의 『갈매기의 꿈』에 나오는 글이다. 이런 영적인 글은 원고마감과 돈 때문에 억지로 글을 쓴다고 해서 나오지 않는다. 실제로 리처드 바크는 『갈매기의 꿈』을 쓰기 전에 바닷가를 거닐면서 영감을 받곤 했다고 한다. 그런 영감으로 쓴 글 중 하나가 바로 '갈매기의 꿈'이다.

좀 미묘한 차이가 있기는 하지만, 많은 선각자들, 작가들, 예술가들, 사업가들, 학자들도 바닷가에서 영감을 얻는다고 한다. 물리학자 리처드 파인만Richard Feynman의 말을 들어보자.

여러분이 해변에 서서 바다를 바라볼 때, 여러분의 눈에는 방대한 양의 물과 부서지는 파도, 거품, 출렁이는 물, 소리, 공기, 바람과 구름, 태양, 푸른 하늘, 그리고 빛 등이 한꺼번에 들어올 것이다. 물론 해변이므로 모래사장도 있고 다양한 색상과 굳은 재질로 이루어진 바위들도 있다. 뿐만 아니라 배고프고 병든 여러 종의 동물들과 해조류 그리고 바다를 바라보는 관찰자, 즉 여러분도 그곳에 있다. 여러분의 머릿속에 떠오르는 행복한 생각도 빼놓을 수 없을 것이다.

노벨물리학상을 받은 물리학자 리처드 파인만은 바닷가 산책을 통해 얻은 영감으로 연구의 실마리를 잡았다고 말한다. 그는 영감을 중시하라는 말도 아끼지 않는다. 쉽고 재미있게 글을 잘 쓰는 리처드 파인만은 영감에 대해 '문제를 풀지 않고 느꼈다'라는 유명한 말을 남기기도 했는데, 영감이란 분명히 느낌으로 받아들일 수 있는 것이라고 강조한다.

내부세계를 글로 치밀하게 표현하는데 능한 제임스 조이스James Joyce 역시 『젊은 예술가의 초상』을 통해 바닷가에서 강력한 영적 느낌을 받는 장면을 우리에게 전한다.

그녀의 이미지가 그의 영혼으로 영원히 들어왔고, 어떤 말로도 그가 느끼는 황홀경의 거룩한 침묵을 깨뜨릴 수 없었다. 그녀의 눈은 그를 불렀고 그의 영혼은 그 부름에 날뛰었다. 살고, 실수하고, 타락하고, 승리하고, 삶으로부터 삶을 재창조하는 것이다!

제임스 조이스는 바다를 응시하고 있던 한 소녀가 '이상하고 아름다운 바닷새의 모습'으로 보였고, 그녀의 얼굴에서 '인간의 아름다움이 가지는 경이로움'이 느껴졌던 각성상태를 이렇게 글로 표현했다. 이러한 자각은 당연히 조이스에게 예술적 영감을 주었고 글쓰기에 강력한 엔진을 달아주었을 것이다.

그렇다고 꼭 바닷가에서 걷기명상을 할 필요는 없다. 앞에서도 등장했던, 유전학 연구로 노벨상을 수상한 바버라 맥클린턱의 영감에 대한 증언을 들어보면 더욱 놀랍다. 그녀는 주로 숲길 걷기명상과 나무 아래에서 휴식명상을 하곤 했었다.

옥수수를 연구할 때 나는 그것들의 외부에 있지 않았다. 나는 그 안에서 그 체계의 일부로 존재했다. 나는 염색체 내부도 볼 수 있었다. 실제로 모든 것이 그 안에 있었다. 놀랍게도 그것들은 친구처럼 느껴졌다. 옥수수를 바라보고 있으면 그것이 나 자신처럼 느껴졌다. 나는 종종 나 자신을 잊어버렸다. 가장 중요한 것은 바로 이것, 내가 나 자신을 잊어버렸다는 것이다.

바버라 맥클린턱은 분명히 '나'라고 하는 에고를 알아차렸음에 분명하다. 그렇다면 글을 쓰고, 예술을 하고, 학문을 연구하고, 깨달음의 수행에 이르기까지 명상은 모든 실마리를 푸는 열쇠가 아닐까? '시간도 없고 글이 안 써져서 괴로운데 언제 명상을 하나?' 내면의 에고는 이런 항변을 하겠지만, 그런 에고를 잠재우기 위해서라도 명상이 더 시간을 절약해줄 것이다.

그런데 영감은 어디에서 오는 것일까? 영감이 떠오르는 곳은 내면의 '진정한 나'가 있는 곳이다. 그곳은 엄청난 에너지가 모여 있는 곳이다.

특별히 건장하지 않더라도 평균 체격을 가진 성인이라면 몸 속에 적어도 $7×10^{18}$줄joule 정도의 에너지를 가지고 있는 셈이다. 그것은 대형 수소폭탄 30개 정도가 터질 때의 에너지와 비슷하다.

『거의 모든 것의 역사』를 통해 많은 사람에게 지식과 정보의 지평을 열어준 저널리스트 빌 브라이슨Bill Bryson은 우리들 내면에는 수소폭탄 30개에 맞먹는 에너지가 있다고 강조한다. 그 정도의 에너지라면 '내 안에 신이 있다'는 말이 거짓은 아닐 듯하다. 우리에게는 결코 마르지 않는 거대한 영감의 샘물이 있는 것이다.

영감을 따라 글쓰기

영감이 떠올랐다면, 그 다음에는 아무것도 할 일이 없다.
아무것도 하지 않는다. 영감이 스스로 성장하도록 내버려둔다.

─────────── 영감을 받지 않았다면 글쓰기에 들어가지 않는 편이 좋다. 글을 써야 하는 부담감이 무겁게 가슴을 짓누를 때는 더욱 그렇다. 가부좌명상을 하거나, 걷기명상, 호흡명상, 음악명상, 설거지명상 등 스스로에게 가장 편하고 좋은 명상에 들어가서 떠오르는 생각들을 가만히 바라본다. 그리고 쉬지 않고 떠오르는 잡념이나 에고가 집착하는 생각과는 다른 무엇을 알아차려야 한다.

아인슈타인Albert Einstein은 샤워할 때 영감이 잘 떠올랐다고 한다. 샤워 중에 떠오른 영감을 메모할 수 없었다는 아인슈타인의 불평은 유명하다. 스스로 천재가 아니라 영감을 따랐다는 솔직한 불평에서, 다 자기가 한 거라고 잘난 척하기 좋아하는 에고는 보이지 않는다.

영감이 떠올랐다면, 그 다음에는 아무것도 할 일이 없다. 아무것도 하지 않는다. 영감이 스스로 성장하도록 내버려둔다. 걷기명상을 하는 중에 영감이 떠올랐다면 영감을 염두에 두고 계속해서 걷기 명상을 한다. 감자깎기명상을 하고 있었다면 계속 감자깎기를 한다.

영감이 영감을 낳고 영감이 영감을 낳으면서 스스로 나아가도록 '나' 에고는 가만히 있어야 한다. 혹시 '나' 에고가 개입해서 생각을 휘두르면 영감은 연기처럼 사라질 수 있으니 의식적으로 깨어 있어야 한다. 메모를 하면 참 좋은데, 메모를 하면 영감의 진행이 방해될 우려가 있으니 가능하면 그냥 놔둔다. 버스나 기차, 비행기를 타고 가고 있거나 벤치에 잠깐 앉을 수 있으면 떠오른 영감을 명사 중심으로 빠르게 메모한다. 아마 영감을 따라가기는 쉽지 않을 것이다.

신이시여, 천천히 보여주시든가 아니면 제가 기억하도록 해 주소서. 너무 빨라서 받아 적기가 힘듭니다!

불치의 병 치료로 유명한 자연의학자 알렉산더 로이드Alexander Loyd 박사는 이렇게 마음속으로 기도를 하면서 끊임없이 빠르게 이어지는 영감을 메모했다고 한다. 영감은 꿈에서도 자주 등장한다. 따라서 잠을 자기 전에 메모지를 곁에 두면 좋다. 그렇게 영감을 따라가다 보면 전체적인 얼개가 잡힐 것이다. 바로 이때가 메모하기 제일 좋은 시간이다. 굳이 책상에 앉을 필요는 없다. 요즘은 스마트폰의 메모 기능이 워낙 좋으니 언제 어디서든 할 수 있다. 빠르게 메모해야 한다. 메모를 하는 것으로 글쓰기의 가장 중요한 단계를 마친 셈이다.

이제부터는 영감에서 파생된 쓸거리들이 수시로 떠오르는 단계다. 영감의 큰 줄기를 알아차렸기 때문에 약간의 여유가 있다. 그것들을 그때그때 메모한다. '기억했다가 나중에 메모해야지' '기억했다가 나중에 글로 써야지' 하면 잘 안 된다. 순식간에 사라져서 다시는 떠오르지 않을 수도 있다.

영감을 충분히 메모하고 글을 쓰면 글쓰기가 고요하고 평화롭고, 그러면서도 자유롭고 신나는 시간이 된다. 글 쓰는 일이 천형이라는 푸념은 발을 붙일 곳이 없게 된다. 스스로 감옥에 들어가지 않아도 된다.

사실 영감으로 글쓰기는 글쓰기의 특별한 비법이 아니라 글을 진짜 잘 쓰는 작가들이 공개적으로 말하는 공공연한 비밀이다. 『장미의 이름』으로 유명한 소설가이면서 토리노대학교 교수이자 기호학자, 철학자, 역사학자, 미학자로 다양한 분야에서 활동해온 움베르토 에코Umberto Eco의 말을 들어보자.

우리의 삶은 틈새로 가득 차 있어요. 오늘 아침 당신이 초인종을 울리고 나서 엘리베이터를 기다려야 했고, 문 앞에 도착하기까지 몇 초가 걸렸죠. 당신을 기다리는 몇 초 동안, 저는 제가 현재 쓰고 있는 새 작품에 대해서 생각했습니다. 저는 화장실에서도 기차에서도 일을 할 수 있어요. 수영하는 동안에도 많은 것을 생산해냅니다. 특히 바다에서는요. 욕조에서도 마찬가지이지만 욕조에서는 덜 생산적이지요.

언제나 똑같이, 변함없이 글을 잘 쓰는 수많은 작가들의 글쓰기 비법은 움베르토 에코의 공개된 비법과 조금도 다르지 않다. 절대로 글을 쓰기 위해 무턱대고 책상에 앉지 않는 것이다. 책상에 앉아서 글을 쓴다는 생각은 언제부터 누구에 의해서 만들어진 것인지 알 수가 없지만, 그것은 틀림없이 함부로 우리들 머릿속으로 들어와서 뿌리를 내린 독재자 에고임이 틀림없다. 독재자 에고는 뿌리 뽑거나 입을 다물게 만들어야 한다.

미경험의 활력

해당 분야에 경험이 없는 처음 시작하는 사람이, 자기 분야에서 닳고 닳은
기성세력으로서는 도저히 상상할 수 없는 일을 저지른다는 것이다.

———————— 영감이 무엇을 쓸 것인지(What to write), 글
전체의 핵심 알맹이를 뇌 안테나로 받아들이는 것이라면, 영감을
따라 떠오르는 갈래들은 어떻게 써야 할지(How to write)에 대한
길을 안내하는 표지판이다. 드디어 영감을 받고 글로 풀어갈 맥락
을 메모로 틈틈이 준비했다면 이제는 글을 써야 할 차례다.

글을 쓸 때는 가능하면 전형적인 글쓰기의 행태를 버린다. 전형
적인 글쓰기의 행태란 주로 학교에서 배웠던 글쓰기의 방식을 따
르는 것이다. 학교에서 배웠던 글쓰기 방식은 주제, 소재, 제재, 구
성에 집착하는 방식이다. 학교에서 글쓰기는 유익한 점도 있지만

문제도 많다. 학교에서는 개인, 즉 '나'(에고)를 가장 중시한다. '나'의 존재를 강력하게 만들기 위해 끊임없이 '남'과 '나'를 비교하며 경쟁의 터널로 몰아붙인다. 글쓰기도 학교에서는 성적을 내고 '남'을 이기기 위한 수단이 된다.

그러다 보니 글쓰기 역시 강박적으로 압박한다. 글쓰기를 위한 주제, 소재, 제재니, 구성을 위한 서론-본론-결론이니, 기-승-전-결이니, 두괄식·양괄식·미괄식·병렬식이니 하면서 기성품을 찍어내듯이 밀어붙인다. 학교 성적을 올리기 위한 사설 학원의 경우는 더욱 심하다. 심한 경우 글쓰기를 '이겨야 사는 것'으로 무기화하기도 한다. 신문과 방송 역시 최고 성적이니 천재니 영재니 하면서 이런 분위기를 부추긴다.

이미 알다시피 명상하는 글쓰기에서는 '나'를 중시하지 않는다. 주제니 소재니 제재니 하는 것들에 얽매이지 않는다. 오히려 그런 전형적인 형식들은 모르는 편이 더 글을 잘 쓸 수 있다고 믿는다. 내면에 내재되어 있는 무한한 능력이 발휘되도록 하는 것이기 때문이다. 우리들 모두의 내면에 내재되어 있는 무한한 능력은 영감을 통해서 문이 열린다. 앞에서 강조했듯이 일단 영감을 통해서 문이 열리게 되면 영감의 맥락이 빠르게 앞질러 가기 시작한다.

따라서 글을 쓸 때는 영감 받은 것을 글의 맨 앞에 쓰는 것으로 시작한다. 굳이 글쓰기 작법으로 말한다면 앞에서 이미 설명한 '경이적 모멘트로 시작하기'라고 할까? 서론-본론-결론이나 기-승-전-결 따위의 구성은 잊고 영감이 주는 메시지를 글로 시작한다. 예를 들어 '진실은 커튼 뒤에 있다'는 영감이 떠올랐다면 바로 시작하는 것이다.

　진실은 커튼 뒤에 있었다.

이렇게 시작하고 나면 다음 글이 저절로 이어지지 못해 꿈틀거리기 시작한다. 움베르토 에코가 그랬던 것처럼 엘리베이터를 기다릴 때는 물론 지하철을 기다릴 때, 지하철을 타고 목적지로 이동할 때, 환승역에서 걸어갈 때, 다른 생각을 하려고 해도 글이 되어 앞으로 나가려는 영감의 갈래들이 떠오른다. 그때마다 메모를 한다.

　진실은 커튼 뒤에 있었다. 내가 알고 있었던 모든 것들은 진실이 아니라 거짓이었다.

이렇게 시작하면 말 그대로 시작이 반이 된 셈이다. 서론-본론-결론이니 기-승-전-결이니 하는 격식을 파괴하는 일을 '저질렀으니' 이제 수습을 해야 한다. 수습하는 과정이 바로 글쓰기인 것이다.

그 과정은 논리와 경험, 느낌 등이 풀려나오는 큰 맥락의 흐름이다. 앞서 영감을 따라 떠오르는 맥락을 메모로 해놓았기 때문에 글이 풀려나가는 데 큰 어려움은 없다. 시라면 아주 빠르게 초고를 완성할 수 있을 것이다. 산문의 경우도 A4용지 한 장이 어렵지 않게 써질 수 있다. 1부에서 언급한 '질문하고 답을 찾아가는 과정'을 연계한다면, A4용지 8장(원고지 70매) 정도 에세이나 스토리도 순식간에 쓸 수 있다.

진실은 커튼 뒤에 있었다. 내가 알고 있었던 모든 것들은 진실이 아니라 거짓이었다. 어떻게 하면 거짓을 내 안에서 몰아내고 진실로 채울 수 있을까?

에세이나 단편소설, 드라마나 영화 시나리오 한 편을 완성할 수도 있다. 쓰다 보면 자꾸 늘어나서 논픽션이나 장편소설의 한 챕터를 완성할 수도 있다. 혹시나 하고 투고를 하거나 발표를 했는데 이때 상상을 초월하는 놀라운 결과가 벌어지기도 한다. 글을 전혀 써보지 않은 사람이 세상을 뒤흔드는 대작을 써서 놀라게 하는 일이 있는데, 이 경우가 그런 경우다.

해당 영역에서 경험이 없다는 것은 절대로 약점이 아니다. 오히려 그것은 새로운 참가자에게 해당 영역에 신선한 가능성, 즉, 수년 동안 일해 온 사람이 너무 가까이에 있어서 보지 못한 가능성을 그려보게 하는 활력을 제공한다는 사실이 입증되었다.

뭔가 정의내리기 좋아하고 근사한 이름을 갖다 붙이기 좋아하는 학자들은 이것을 '미경험의 활력'이라고 그럴 듯하게 개념화했다. '연금술사'의 작가 파울로 코엘료Paulo Coelho는 '초심자의 행운'이라는 매혹적인 말로 표현하기도 했다. 해당 분야에 경험이 없는 처음 시작하는 사람이, 자기 분야에서 닳고 닳은 기성세력으로서는 도저히 상상할 수 없는 일을 저지른다는 것이다.

하지만 '미경험의 활력'이 통했을 때는 조심해야 한다. 한번 잘 쓰고 그 다음부터는 자만심에 휘둘려 글 같지 않은 글을 쓸 수 있기 때문이다. 또 자신이 글과 다르게 행동한다면 그것은 우리가 논하는 명상하는 글쓰기는 아닐 것이다.

변화를 바란다면 우선식으로 전각사들의 수분내로 명칭하는 글쓰기와 그 변화의 표를 만드는 것으로 시작해보라고 말하고 싶다. 표를 만들려면 지금 이대로는 안 되겠다고 생각하는, 변화하고 싶은 대상들을 순서대로 메모해야 할 것이다. 에고로부터 한발 떨어져서 평상시 '나' 에고를 잘 살펴보면서 표를 만드는 것이 중요하다. 변화하고 싶은 목록들은 세로로 쭉 내려 쓰고 가로로 날짜를 적는 방식이면 편할 듯하며, 가벼운 것부터 시작해서 점점 무거운 것으로 내려가는 편이 좋을 듯하다. 각자 편한 방식으로 만들면 된다.

PART 5

치유
혹은 변화

글쓰기로 내면의 두려움을 치유하다

글쓰기를 통해 자신의 비밀스런 상처들을 털어놓는 사람들은 긴장감이 줄어들고,
면역체계가 강해지며, 행복감을 느끼고, 자신감을 되찾게 되는 등
놀랄 만한 변화가 일어난다고 강조한다.

──────────── 그녀는 대기업 마케팅부서의 팀장이다. 매
사에 적극적인 그녀는 대형 프로젝트를 성공적으로 수행하는 등
많은 성과를 내고 있다. 그녀는 맺고 끊음이 분명한 성격이라 동
료들로부터 차갑다는 말을 듣기도 하지만, 어려운 프로젝트를 도
맡아 수행할 정도로 적극적이다.

그녀는 타자로부터 거의 스트레스를 받지 않는 듯하다. 관심분
야의 일 외에는 신경을 끊고 사는 듯하다. 그녀는 시간을 쪼개서
경영대학원에 다니고 있으며, 대학원을 마친 후 박사 학위에 도전
할 예정이다.

한편, 그녀는 글쓰기를 좋아해서 자기 분야의 전문서적뿐 아니라 에세이까지 여러 권의 책을 출간한 작가이기도 하다.

그런 그녀는 같은 부서의 직원들로부터 존경을 받고 있으며 경쟁사에서도 주목하고 있다. 그런데 그녀는 처음부터 그렇게 적극적인 성격이었을까?

그녀는 회의 시간만 되면 가슴이 답답해지는 것을 느끼곤 했었다. 답답함이 느껴질 때면 호흡이 저절로 정지됐다. 한동안 호흡이 멈추는 바람에 눈앞이 흐려지고 어지러웠다. 하지만 가슴을 가득 채우고 있는, 짙은 안개 같은 무거운 기운이 엷어질 때까지 호흡을 제대로 할 수가 없었다.

회의가 끝났을 때가 되어서야 비로소 가슴의 답답함이 해소되었다. 심호흡을 해서 호흡의 리듬을 되찾았다. 회의실에서 여럿이 얼굴을 마주하고 있을 때는 불편했지만, 혼자서 일하는 시간이 되면 편해졌다.

그녀는 극히 내성적인 성격으로 대인관계에 큰 어려움을 겪고 있었다. 특히 여러 사람들과 심각한 문제를 논의하는 회의 시간은 악몽과도 같았다. 사소한 농담도 받아들이지 못했고, 가벼운 지적에도 마음에 큰 상처를 입었다. 반면에 혼자 일하는 시간만큼은 행복했다. 혼자 일하다 보면 가슴이 청명한 날씨처럼 깨끗해졌고 호흡도 의식하지 못할 정도로 저절로 됐다. 그러나 진행상태를 묻는 문자가 온다거나, 새로운 지시가 내려오거나, 회의가 소집되면 다시 가슴이 답답해졌고 호흡이 멈추려고 했다.

회사에서만 그런 것이 아니었다. 집에서도 그랬다. 가족간의 갈등을 겪게 되면 가슴에 지독한 황사와 미세먼지가 가득 찬 것처럼 답답했다. 숨을 쉴 수가 없었다. 혼자 나와 살고 있지만 가족의 간섭과 강요는 조금도 달라지지 않았다.

이 답답함은 어디에서 오는 것일까?
심장이나 폐에 심각한 병이 생긴 것일까?
사람들과 함께 있는 시간이 왜 이렇게 힘들까?
사람에게 치이지 않고 혼자 살 수는 없을까?

가슴 답답함이 통증으로 발전하자 그녀는 병원을 찾았다. 진단을 받아보았지만 이상은 없었다. 회사에서 진행하는 종합검진에서도 건강은 양호한 상태였다. 가슴의 답답함과 통증은 스트레스 때문일 가능성이 크며 큰 문제가 아닐 거라고 했다. 동료들 대부분도 자신과 같은 가슴 답답함을 겪고 있다는 사실을 알고부터는 그냥 다 그렇겠거니 생각했었다. 가깝게 지내는 후배는 자신보다 훨씬 심해서 가슴압박이 오면 구토를 하고 실신한다고 진지하게 고백하기까지 했었다. 같은 증상을 앓는 사람과 솔직하게 고통을 나눌 수 있는 반가움과 안도감이란….

하지만 시간이 갈수록 답답함의 강도는 더욱 심해졌다. 직위가 올라갈수록 가슴 속 안개의 밀도가 높아졌다. 작은 실수 하나만 하더라도 전체 프로세스가 잘못되어서 처음부터 다시 시작해야 했다. 그런 생각만 해도 가슴이 막히고 호흡이 멈출 것 같았다. 나중에는 심각한 문제를 다루는 회의가 있는 날에는 이런 저런 핑계를 대고 회의에 빠졌다.

그녀는 가능하면 비대면으로 회의를 하자고 고집했고, 나중에는 무단결근을 하기까지 했다. 그녀는 결국 사표를 생각하게 되었다.

이렇게 대인관계에 어려움을 느끼고 회사를 떠나려고 했던 그녀가 어떻게 어려운 프로젝트도 적극적으로 도맡는 도전적인 사람으로 변신한 것일까? 변화는 어디에서 시작된 것일까? 정말 이렇게 달라질 수 있는가?

그녀의 가슴 답답함과 호흡 곤란은 성장과정에서 겪었던, 아주 오래된 정신적 트라우마에 기인했을 가능성이 높다. 내성적인 성격도 마음 깊은 곳의 두려움 때문일 것이다. 그런데 변화의 시작은 일기인 듯하다.

겨우 일기 쓰기 정도로 사람이 그렇게 달라질 수 있을까?

텍사스대학교의 제임스 페니베이커James W. Pennebaker 교수는 충분히 가능하다고 확신한다. 그는 글쓰기를 통해 자신의 내면의 비밀스런 상처들을 털어놓는 사람들은 긴장감이 줄어들고, 면역

체계가 강해지며, 훨씬 더 많은 행복감을 느끼며, 자신감을 되찾게 되는 등 놀랄 만한 변화가 일어난다고 강조한다. 그러면서 자신의 삶에서 가장 분노하고 충격적인 경험에 대해 오직 자신만의 글을 써보라고 일기 쓰기를 추천한다. 마음의 상처를 자신에게 털어놓을 때 치유가 일어난다는 것이다.

정상적인 사람들도 자신을 둘러싸고 있는 해결되지 않은 어두운 과거와 상처들을 많이 갖고 있다.
하루에 15분에서 30분 정도 글쓰기를 4, 5일간만 지속해도 마음속 깊은 곳에 새겨진 상처가 치유될 수 있다.

미국 심리학의 거장, 세계 심리학계의 대표적 석학이라는 수식어가 따라 붙는, 20년 이상 글쓰기와 치유 효과를 연구한 제임스 페니베이커 교수의 말은 우리들 인간의 삶이 어떠한지 깨우쳐주고 치유의 길로 안내해주는 선각자의 가르침 같기도 하다. 제임스 페니베이커 교수의 주장대로 글쓰기가 치유에 도움이 된다면, 명상과 글쓰기를 접목한 명상하는 글쓰기는 틀림없이 치유 혹은 변화를 가져올 수 있을 것이다. 내가 그랬듯이 그녀도, 명상하는 글쓰기를 통해 스스로 변화를 이루었을 거라고 생각한다.

치유 혹은 변화

지금 이대로는 안 되겠다고 생각하는, 변화하고 싶은 대상들을 변화표로 만든다.
에고로부터 한발 떨어져서 '나' 에고를 살펴보면서 표를 만드는 것이 중요하다.

──────────── 이제 알아차림 글쓰기, 더 큰 의미로 명상하
는 글쓰기가 가져다주는 효과를 이야기할 차례가 되었다. 수행자
로서 명상하는 글쓰기 자체가 목적이기 때문에 그 목표와 효과를
말한다는 것이 과연 할 수 있는 일인지 좀 난감하기도 하다. 명상
하는 글쓰기는 늘 해야 하는 삶의 일부 혹은 전부이지 특정한 목
표를 달성하기 위한 수단이나 일정한 효과를 내기 위한 단기적 과
정이 아니라고 믿고 있기 때문이다.

목표 지향적 일이라면, 예를 들어 경영학대학원에 진학해서 공
부를 한다면 경영이나 마케팅, 재무회계에 대한 깊이 있는 전문지

식을 쌓고 더 좋은 직장으로 이직할 가능성이 높아지는 등 무엇인가 기대할 수 있는 결과가 있게 마련이다. 프레젠테이션의 두려움 때문에 고생을 한다면 발표의 두려움 해소와 자신감 강화를 위한 워크숍에 참가하는 것으로 어느 정도 자신감을 회복할 수 있을 것이다. 비만으로 건강이 걱정되는 경우라면, 다이어트나 근육 단련을 하면서 자신의 건강한 아름다움을 상상할 수 있을 것이다.

그러나 명상은 그렇게 단언하기가 어렵다. 명상하는 글쓰기를 하면, 이런저런 삶의 문제들이 해결되고, 마음과 몸의 병이 치유되고, 그래서 삶이 행복해진다고 말하기가 참으로 곤란하다. 이미 앞에서 여러 차례 강조했듯이 명상은 호흡을 열심히 한다고 되는 일도 아니기 때문이다. 억지로 호흡을 열심히 했다가는 기운이 머리로 상승해서 오히려 건강이 나빠질 수도 있는 것이다.

또한 명상하는 글쓰기가 효과가 좋다고 과장해서 말하고 싶어도 바로 그 순간, 지금 거짓말을 하고 있다는 알아차림이 의식에서 일어나기 때문에 그렇게 할 수가 없다. 게다가 데이비드 호킨스 박사가 알려준 의식측정법으로 진실을 측정해보면 바로 거짓말이라고 표시가 난다.

명상도 그렇지만 명상하는 글쓰기의 효능 효과는 이렇다 저렇다 단정적으로 말할 수 있는 성격이 아닌 것이다. 그것은 저절로 뒤따라오는 자연스러운 변화이기 때문이다.

그것을 치유라고 말하고 싶지만, 치유는 명상과 함께 언제나 진행 중(아마도 끝없이 진행 중일 것 같다)이기 때문에 치유보다는 '변화'

라고 말하는 편이 더 나을 듯싶다. 많은 선각자들 역시 '변화'라는 말을 자주 한다. 그래서 그들은 명상을 하면서 변화표를 만들어보라고 주문하곤 한다. 명상을 하면서 스스로 어떻게 얼마나 변화하고 있는지 자신을 살펴보라는 것이다.

실제로 선각자들을 따라 변화표를 만들고 명상 수행을 하다 보면, 어떤 변화가 얼마만큼 일어나는지 알 수 없을 정도로 많은 변화가 일어난다고 말한다. 변화는 자신도 모르는 사이에 일어난다는 것이다. '나'의 경우, 아내와 아들과의 관계가 좋아지고, 사랑을 주고받는 따뜻한 사이로 변화한 것이 가장 큰 변화 중 하나였다. 물론 에고는 그 변화를 자신이 해낸 것이라고 우기려고 하겠지만. 명상하는 글쓰기에 뒤따라오는 자연스러운 변화는 목표지향적인 것이 아니라 부수적인 것이라고 할 수 있다.

따라서 변화를 바란다면 우선적으로 선각자들의 가르침대로 명상하는 글쓰기와 그 변화의 표를 만드는 것으로 시작해보라고 말하고 싶다. 표를 만들려면 지금 이대로는 안 되겠다고 생각하는, 변화하고 싶은 대상들을 순서대로 메모해야 할 것이다. 에고로부터 한발 떨어져서 평상시 '나' 에고를 잘 살펴보면서 표를 만드는 것이 중요하다. 변화하고 싶은 목록들은 세로로 쭉 내려 쓰고 가로로 날짜를 적는 방식이면 편할 듯하며, 가벼운 것부터 시작해서 점점 무거운 것으로 내려가는 편이 좋을 것 같다. 특정한 형식은 없고 각자 편한 방식으로 만들면 된다.

그런데 분명히 기억해야 할 것은 이것이 목표를 잡는 것이 아니라는 것이다. 가능하면 변화하기 쉬운 것, 가벼운 것부터 시작한다. 질병 치유나 사업 성공, 부의 축적 등 에고가 심하게 집착하는 목표를 잡고 시작해서는 곤란할 것이다. 일단 쉬운 것부터 목록을 만들어놓고, 명상하는 글쓰기를 하면서 체크를 해나간다. 명상하는 글쓰기를 하면서 일주일에 한 번, 보름에 한 번, 한 달에 한 번 정도 변화를 체크해나간다. 매일 변화표를 볼 필요는 없다.

경험으로는 한 달 이상부터 1년 사이에 변화가 많이 일어났다. 물론 10년 넘게 지금도 진행되는 것도 있다. 그렇지만 변화는 단 몇 분 만에 일어나기도 한다. 가까이 있거나 멀리 떨어져 있거나 걱정 때문에 불안감이 요동을 칠 때 특히 그랬다. 누군가에 대한 걱정으로 불안해서 일이 손에 잡히지 않을 때 가부좌명상을 한 후, 명상하는 글쓰기를 하면서 불안을 받아들이고, 불안과 함께 하다 보면 불안이 슬그머니 내려가곤 했다. 그렇게 마음이 고요해지고 평화로워진 후에는 불안과 걱정을 싹 날려버리는, 반가운 소식을 전하는 전화나 문자가 오곤 했다.

'나' 에고로부터의 자유, 그 변화들

내가 에고가 아니며, 마음의 주인이라는 것을 알게 되면 좋은 일이 많이 생긴다.
실용적이고 유쾌한 변화들이 대단히 많다. 아주 재미있는 것은 엄살과 결별이었다.

——————————— 명상과 명상하는 글쓰기를 한 이후, 뒤를 돌
아볼 때가 있다. 되돌아보면 그 동안 '나' 자신을 괴롭혀오던 무기
력과 불안, 중독, 그리고 많은 질병들이 치유된 것을 확인하고 감
사와 행복감에 젖을 때도 있다. 무의식적 충동이 일어날 때마다
알아차림을 통해 에고, 마음으로부터 떨어져 나와 의식의 눈으로
'나'를 바라보는 경우도 많아졌다. 온갖 잡생각이 떠올라 스스로
를 괴롭히려 할 때도 신경을 끄고 멈출 수 있게 되었다. 스스로 정
한 수행표대로 하루도 빠짐없이 수행하며 자신과의 약속을 지킬
수 있게 되었다. 타인과의 관계에서도 심기를 불편하게 만드는 일

이 있다 해도 반격을 가하거나 비난하려는 '나' 에고를 의식하게 되었다.

그리고 하루를 시작하거나 마감하는 시간에는 명상과 더불어 명상하는 글쓰기를 통해 '나'를 바라보고, '나'를 바라보는 진짜 참나를 느낄 수 있게 되었다. 그런 덕분인지 지금 현재의 삶이 많이 달라졌다는 느낌이다.

하지만 그렇다고 에고가 사라지거나 작아졌다는 뜻은 아니다. 에고는 결코 물러서지 않는 것 같다. 에고는 수행마저도 언제나 부족하다고, 아직 멀었다고 몰아붙이려고 한다. 그 모든 것이 에고 때문인데, 에고가 에고를 지적하고 강요하기까지 하니, 한 편의 코미디 같은 일이 아닐 수 없다. 에고가 그렇게 끊임없이 지적하고 몰아붙이기 때문일 것이다.

치유 혹은 변화표를 통해 변화를 경험할 때도 참나를 가장한 에고의 충동에 휩싸이곤 한다. 주로 욕심, 탐욕, 갈망이다. 즉 돈, 권력, 명성, 출세, 건강 같은 것들이다. 그런 것들은 에고가 탐내는 것들인데, 과연 그런 것들도 명상과 명상하는 글쓰기로 변화를 이룰 수 있는 것일까? 개인적으로는 가능하다는 생각이다.

명상을 통해 큰 부를 이루었다고 주장하는 사람들도 얼마나 많은가? 서점에는 그런 책들이 줄을 지어 있다. 실제로도 일을 하면서 그런 사람들을 계속해서 봐왔었다. 돈도 없고 기반도 없이 평범한 신입사원으로 시작해서 최고경영자의 자리에 오르고, 큰 부와 명예를 이룬 분들도 적지 않았다. 그들에게서는 욕심이나 탐욕,

갈망, 집착이 잘 보이지 않았다. 대신 용기, 자발성, 희생, 대의로 일한다는 느낌이 들곤 했었다.

선각자들은 우리가 용기, 자발성, 수용의 수준에서 부를 추구하면 그 가능성이 높아진다고 한다. 데이비드 호킨스 박사는 운동역학 진실 테스트를 통해 기업의 진실 여부를 판단하고 투자도 가능하다고 말할 정도다. 하지만 '용기, 자발성, 수용의 수준에 이르면'이라는 전제조건이 앞에 있다. 그런데 돈, 권력, 명성, 출세 같은 것들은 수치심, 죄의식, 무기력, 슬픔, 불안, 욕망, 분노, 교만 같은 낮은 의식 수준의 에고가 원하는 것들이다. 만일 에고가 그런 식으로 준동한다면 부와 명예를 손에 쥐었다 해도 결국 거품처럼 사라질 것이기 때문에 결코 쉬운 일은 아닐 것이다. 에고는 용기, 중용, 자발성, 받아들임, 고요와 평화 차원과 절대 어울리지 못하기 때문이다.

그렇다면 바라지 않고 바랄 수 있을까? 용기, 중용, 자발성, 받아들임의 경지에 오른다면 가능할지도 모르겠다. 명상, 특히 명상하는 글쓰기는 '나' 자신에 대한 앎이다. 우리들 생애를 하나의 기간으로 바라볼 때 우리가 이 세상에 존재하는 동안 자신이 누구인지 아는 것만큼 중요한 일이 또 있을까?

명상하는 글쓰기를 지속하다 보면 지금까지 나의 행세를 해온 에고가 내가 아님을 알게 된다. 더 나아가 노상 에고를 따라다니는 마음 역시 내가 아님을 알게 된다. 나의 주인처럼 행동해온 마음은 나의 주인이 아니며, 내가 마음의 주인이라는 것도 알게 된다.

내가 에고가 아니며, 마음의 주인이라는 것을 알게 되면 좋은 일이 많이 생긴다. 물론 돈, 권력, 명성, 출세처럼 근사한 것은 아니겠지만, 실용적이고 유쾌한 변화들이 대단히 많다. 내가 경험한 변화 중에서 아주 재미있는 것은 엄살과의 결별이다.

'나'는 엄살이 무척 심한 편이었다. 어디 약간 다치기만 해도 오만상을 쓰며 비명을 지르고 고통을 발산하기 십상이었다. 감기에 걸리기라도 하면 세상이 무너질 듯 엄살을 떨어서 가족들을 공포에 떨게 했었다. 사고를 당해 주사를 맞거나 봉합수술을 할 때는 오죽했겠는가? 그런데 명상과 탐구, 명상하는 글쓰기가 깊어지던 어느 순간, 통증도 에고와 마음이 합작해서 만든 프로그램이라는 선각자의 가르침이 앎이 되어 일어났었다. 그렇다면 에고 마음에 속지 않고, 한발 떨어져서 바라볼 수 있지 않을까?

실험을 해보니 정말로 그랬다. 먼저 얼굴 경련 때문에 한의원에서 침을 맞아야 하는 상황을 실험으로 삼았다. 맞아본 사람들은 알겠지만 침은 얼마나 아프고 또 두려운가? 통증은 에고와 마음이 만든 허구라는 진실을 알고 에고와 마음으로부터 떨어져서 침을 맞았다. 바늘이 몸을 찌를 때마다 충격이 오기는 했지만 신음소리를 낼 정도는 아니었다. 얼굴을 파고드는 침의 강한 자극을 하나씩 하나씩 느낄 수 있었다. 차분히 바라보게 되었다고 할까? 얼마나 많은 부위에 침을 놓는지 수를 셀 수도 있었다. 그리고 약간의 시간이 지나 경련이 잦아드는 것도 느낄 수 있었다.

그 이후로는 어지간히 다치거나 아프다 해도 엄살을 부리지 않게 되었다. 통증 때문에 고통스럽다고 엄살을 부리는 에고를 바라보면 재미있다는 느낌이 들 때도 있다. 그런 '나'의 변화 덕분에 마음을 놓게 된 사람들은 가장 가까이 있는 가족들이었다.

선각자들 중에는 마취하지 않고 수술을 할 수 있었다고 증언하기도 한다. 그 정도 수준에 도달할 수 없을지라도, 에고와 마음이 만들어내는 허상을 알아차릴 수 있다면 엄살은 얼마든지 잠재울 수 있는 것이었다.

치유 혹은 변화가 어디 엄살뿐이랴. 지하철에서 술에 취해 허벅지를 더듬는 녀석의 에고에도 웃어줄 수 있게 되었다. 녀석은, 자리에서 일어서자 '내'가 남자라는 사실에, 또 자신보다 덩치가 크다는 사실에 놀란 듯 얼른 눈을 돌렸다. 계속 그런 짓을 할 녀석의 에고와 있을지도 모를 미래의 피해자를 생각해서 신고를 하거나 따끔하게 혼을 내주었어야 했는데…. 잃어버린 핸드폰이 '나'를 찾아온 것은 정말 거짓말 같은 변화라고 할 수 있다. 그런 즐거운 변화들은 깨알같이 많아서 일일이 다 늘어놓기도 좀 그렇다.

그러나 그렇다고 무슨 마술처럼 여겨서는 절대 안 될 것이다. 우리들 모두의 내면에서 에고가 기회를 노리고 있기 때문이다. 에고가 중심이 되는 순간 치유와 변화는 깨지고 만다. 그래서 명상하는 글쓰기가 더욱 필요할 듯하다. 속세를 떠나 절이나 사원에서 수행하는 수행자가 아니라면(물론 그렇다 하더라도 속세보다 더 속세 같은 진흙탕 같은 일화들을 우리는 잘 알고 있다.) 알아차림도 금세 까먹고 사라질 수밖에 없다.

하지만 명상하는 글쓰기는 앎을 지속시키는 힘이 있다. 그것도 생각만으로 하는 앎이 아니라 글로 기록으로 남겨놓은 앎이기 때문이다. 생각은 진동하다 사라져버리지만, 글은 사라지지 않고 계속 진동하면서 곁에서 존재하고 필요할 때마다 깨우쳐준다. 따라서 명상하는 글쓰기의 글은 참나의 동반자인 셈이다.

자기연민과 함께 떨어져나간 틱 장애

틱 장애가 사라진 이유가 무엇인지는 정확하게 알 수가 없다.
하지만 '나'를 관찰하는 명상, 명상하는 글쓰기로 '내' 안의 심한 조급증을
알아차린 것과 관련이 있다는 것은 느낄 수 있다.

───────── 명상하는 글쓰기를 따라오는 변화에 대한 경험은 아무래도 이 글을 쓰고 있는 필자 한 사람의 개인적인 경험이다. 물론 그 대부분이 선각자들이 전해주는 치유사례들과 일치하는 것들이지만, 어떻든 변화의 경험이 개인적인 것임을 감안하고 받아들였으면 좋겠다.

앞서 언급했던 가족의 신뢰 회복과 사랑은 꽤 오랫동안 수행을 한 후의 변화라고 할 수 있다. 그런데 변화는 어느 날 갑자기 단기간에 오기도 했다. 명상하는 글쓰기를 하면서 단기간에 변화가 온 것 중에는 틱 장애의 치유가 있다. 의료인들이 틱장애를 치료가

어려운 난치병으로 보고 있는 데다, 나의 틱 장애는 20년 이상 지속되어올 정도로 오래된 것이라 포기한 상태였다. 그런데 어느 날 갑자기, 순식간이라고 할 정도로 사라져버렸다.

명상을 하고, 명상하는 글쓰기를 본격적으로 시작했을 때였다. 명상을 통해 '나'를 살펴보면서 많은 것을 알게 되었는데, 그 중에서도 조급증이 마음 깊은 곳에 자리 잡고 있다는 것을 알게 되었다. 뭐든지 빨리빨리 해치워야 직성이 풀리는 심한 조급증이었다. 그 조급증을 매일 바라보며 명상하는 글쓰기를 하다 보니 조급증 뒤에는 일이 잘못되면 어떻게 하는가 하는 두려움이 자리 잡고 있다는 것을 알게 되었다. 그래서 뭐든지 빨리 해서 두려움에서 벗어나야 한다고 안달하는 충동이 있다는 것도 알게 되었다. 드러나는 모습은 모두 달랐지만 기저에는 두려움이 있었다.

그 정체불명의 두려움에 쫓기느라 항상 조급했고 모든 일을 서둘러서 했다. 말을 할 때도, 문자를 주고받을 때도, 식사를 할 때도, 운전을 할 때도, 쇼핑을 할 때도, 일을 할 때도, 휴식을 취할 때마저도 노상 서두르고 있었던 것이다. 그러다 보니 잊는 것도 많았고 잃는 것도 많았다. '나'로서 조급증은 어찌할 수 없는 문제였다.

어떻든 명상하는 글쓰기를 하면서 알아차리고 또 일상생활 속에서 순간순간 알아차리곤 했는데 그렇다고 달라지는 것은 없는 것 같았다. 무슨 일이든 시작하면 서둘렀고 알아차림은 늘 늦었을 뿐이다.

달라질 것이 없는 것 같았지만, '나'에 대한 앎이 일어나면서

'나' 에고에 대한 시선이 불평과 불만에서 조금씩 연민으로 바뀌어가고 있었다. 그렇게 살아가도록 되어 있는 에고는 얼마나 불쌍한 녀석인가? 마음이 급해질 때마다 '내' 안의 가엾은 에고를 알아차렸고 짜증을 내기보다는 연민의 눈으로 바라보고 이해해주려고 했다. 조급증 때문에 가족 외출 같은 즐거운 일에서도 동작이 굼뜨다고 짜증을 내려는 '나'를 알아차리고 다독여주었다. 조급증을 알아차리고 연민을 느끼는 만큼 짜증과 불평, 불만이 빠르게 고개를 숙였다.

그런데 어느 날부터인가 주위에서 '내'가 심하게 깜빡이던 눈 껌뻑임을 하지 않는다고 어찌된 일이냐고 놀라워했다. 시도 때도 없이 바쁘게 눈을 껌뻑이는 증상은 '나'의 아주 오래된 틱 장애였기 때문이다. 마음이 급할 때나 일이 잘 돌아가지 않을 때 혹은 불안할 때면 눈을 초스피드로 껌뻑여서 주변 사람들뿐 아니라 '나' 자신을 불편하게 했었다. 그런데 갑자기 껌뻑임이 멈추고 멀쩡해졌다는 것이었다.

정말로 그런가…? 거울 앞에 가서 보니 정말로 그랬다. 여전히 자주 깜빡이기는 했지만 예전처럼 비정상적으로 정신없이 바쁘게 깜빡이지는 않고 있었다. 가만히 자신의 얼굴을, 눈을 가만히 바라보았다. 그럴 이유도 없었고 필요도 없었다는 생각이 들었다. 가슴이 좀 넓어졌다고 해야 할까? '나'로서는 틱 장애가 사라진 이유가 무엇인지는 지금도 정확하게 알 수가 없다. 하지만 '나'를 관찰하는 명상, 명상하는 글쓰기로 '내' 안의 심한 조급증을 알아차린 것과 관련이 있다는 것은 분명히 느낄 수 있다.

틱 장애가 사라지고 나서 곧 눈이 뻑뻑하고 아픈 안구건조증이 사라졌다. 코가 마르는 증상도 사라졌다. 침이 마르는 증상도 슬그머니 사라졌다. 머리에서 비듬도 사라졌고, 입속이 허는 궤양도 사라졌으며, 쉽게 목이 쉬는 증상도 사라졌다. 뭐든지 서둘러서 빨리 해야 한다며 주변사람들을 강압적으로 보채지도 않게 되었다. 그러자 가까운 가족, 동료들과의 관계가 좋아졌다. 에고와의 관계도 좋아졌다. 빨리 끝내야 한다며 '나' 자신을 몰아붙이거나 괴롭히지도 않게 되었다. 하지만 에고는 여전히 만만치 않은 적이었다. 무의식적으로 서두르기 시작하면 다시 틱 장애가 나타나곤 했다. 알아차림 앞에서 다시 슬그머니 사라지지만.

이쯤에서 다시 한 번, 변화는 명상하는 글쓰기를 뒤따라오는 자연스러운 변화이지 결코 목표 지향적인 것이 아니라는 것을 강조하고 싶다. 혹시 목표 지향적으로 명상하는 글쓰기를 한다면, 아마 변화를 경험하지 못할 수도 있지 않을까 추측해본다. 명상하는 글쓰기는 넓은 큰 의미에서 명상이기 때문에 특정한 목표를 지향하고 명상을 한다고 해도 마찬가지일 것이다. 에고가 치유하고야 말겠다고 목표 지향적으로 달려들기 시작하면 치유는 멀어질 것이다. 집착은 치유와 정반대 세계에 있는 낮은 에너지장이기 때문이다.

게으름이라는 고질병 놓아버리기

그때는 변화표를 작성하지 않았지만 변화를 자각하고 있었다.
뜸 들이기와 미루기, 게으름이 사라지자 커다란 자유가 느껴졌다.

────────── 앞에서도 언급했지만, '나'의 미루기와 게으름은 고질적인 문제였다. 어떤 일이든 수행에 바로 들지 못하고 한참동안 뜸을 들였다. 뜸들이기는 곧 게으름의 시작이었다. 뜸을 들이면서 미루고 또 미루다 결국은 아예 손도 대지 않는 경우도 허다했다. '해야 되는데, 해야 되는데'를 되뇌면서도 거실 소파에 드러누워 텔레비전을 보거나 태블릿으로 인터넷 서핑을 했다. 해야 하는데 하지 않으니 그만큼 스트레스를 더 받고 죄책감만 쌓였다.

하지만 뜸 들이기와 미루기, 게으름이 얼마나 고질적인 습관이었던지 고치려고 해도 도저히 고칠 수 없었다. 게으름 퇴치를 위한 방법을 찾아 강의를 듣고, 책을 읽고, 공부를 하기도 했다. 또 게으름이 왜 죄가 되었는지 관련된 데이터를 찾아 분석하기까지 했다. 그렇게 고치는 방법을 안다고 해도, 몸과 마음이 움직이지 않으니 소용이 없었다.

에고는 콧방귀를 꼈다. 술이라도 취한 다음 날, 뜸 들이기와 게으름은 상대할 수 없는 거대한 거인이 되어 있었다. 그러다 보니 삶은 늘 일에 질질 끌려 다니는 형국이었다. 큰맘 먹고 준비한 계획은 뜸들이기, 미룸, 게으름 때문에 언제나 수포로 돌아가고 말았다. 어떻게든 이 문제를 해결하려고 노력했지만 '나'로서는 해결할 수 없었다. 아무리 굳은 의지로 극복하려 해도 그때뿐이었다. 천성이 게을러서 그렇다고 생각했었다.

그런데 명상하는 글쓰기를 통해 자아를 바라보는 수행을 지속하자 감춰져 있던 빙산의 일각이 드러나기 시작했다. 서두름이 두려움 때문이었던 것처럼 뜸들이기, 미루기, 게으름도 역시 두려움 때문이었다. 게을러서 게으른 것이 아니라 일하는 것이 두렵고 시작하기가 무서워서 미루고 미뤘던 것이었다. 그러고 보니 삶 전반에 걸쳐 두려움이 손을 미치지 않은 곳이 없었다. 정작 일을 시작해보면 아무것도 아닌 것을.

이 모든 두려움은 어디에서 시작된 것일까? 알고 보니 두려움은 지극히 오래된 것이었다. 지금 경험하는 '나'를 훨씬 넘어선, 까마득히 먼 과거에서부터 존재해왔던 생존의 두려움이었다. 자연

재해, 포식자, 그리고 적으로부터 살아남기 위해 유전자에 깊게 새겨진 두려움이었다. 두려움은 작은 생각 하나로도 언제든지 초대형 괴물로 바뀔 수 있는 것이었다. 그 유구한 역사를 자랑하는 두려움을 '나' 정도가 감히 이길 수 있었을까? 무슨 일이든 일단 두려움이 시작되면 아무 일도 할 수 없었다.

미래가 걸린 중요한 일인데 잘못되면 어떻게 하나?
눈이 온다는데 운전이 위험하지 않을까?
혹시 큰 병에 걸린 것은 아닐까?
바이러스 때문에 인류는 멸망하지 않을까?

크건 작건 일단 두려움이 머릿속으로 들어오면 아무것도 할 수 없었다. 두려움의 원인이 해소될 때까지는, 아니면 시간압박이 강압적으로 몰려와 분초를 다투는 상황이 되기까지는 꼼짝도 할 수 없었다. 두려움은 그렇게 무기력이 되었고, 무기력은 더 나아가 자포자기 상태로 이어졌다. 나중에는 두려움과 불안과 무기력과 게으름의 경계가 허물어져 늘 두렵고 불안하고 무기력하고 게을렀다. 무슨 일이든 시작하기 힘들어서 방 청소와 정리를 시작하는데도 많은 시간이 걸렸다. 게으름을 따라 주변은 늘 지저분한 채 방치되어 있었다. 마감임박까지 시간에 쫓기거나, 아주 재미있거나 신나거나 자극적인 일 이외에는 모두 뜸을 들였다.
그런데 명상하는 글쓰기를 하면서 조금씩 달라졌다. 달라지는 변화를 느낄 수 있었다. 명상과 명상하는 글쓰기가 거듭된다고 해서 시작하는 두려움은 사라지지 않았지만, 두려움에 사로잡혀 꼼짝 못하지는 않았다. 두려움에도 불구하고 일단 시작할 수는 있게 되었다.

일단 시작을 하면 그 다음부터는 몰입이 되고 '나' 에고로부터 자유로워져 집중할 수 있게 되었다. 일단 시작하는 일에 익숙해지자 나중에는 뜸을 들이게 만드는 모든 것을 수행으로 삼았다. 일뿐 아니라 운동, 다이어트, 정리정돈, 청소까지 모두 수행으로 조금씩 확대해나갔다. 그러자 시동이 걸리는 시간이 점차 줄어들었다.

그때는 변화표를 작성하지 않았지만 변화를 자각하고 있었다. 뜸 들이기와 미루기, 게으름이 사라지자 커다란 자유가 느껴졌다. 오랫동안 스스로를 묶어두었던 습관의 속박에서 벗어나 삶을 이끌어갈 수 있다는 용기가 생겼다. 용기가 생기자 '나'의 영역 너머에 있는 새로운 일에 도전할 수 있게 되었다. 사업영역이 확장된 것도 그때부터인 듯싶다.

지금 되돌아보아도 변화가 생긴 분명한 이유는, 명상하는 글쓰기를 지속하면서 자신의 내면을 바라보았기 때문일 것이다. 거의 매일 자신에 대한 글을 쓰고 자신을 바라보는데, 하루하루 정체가 발가벗겨지는데, 에고가 더 이상 버틸 수가 없었으리라. 그렇다고 완전히 물러날 에고가 아니었다. 빈틈만 보이면 두려움과 무기력을 들고 달려들었다. 물론 시작이 습관이 된 지금도 그렇다. 그러나 혼잣말을 하듯 에고에게 말을 한다.

"에고, 너 또 생떼를 부리는구나."

이렇게 혼잣말을 하기만 해도 에고는 힘을 잃었다. 변화는 가까이 있는 사람들이 제일 먼저 알아차렸다. '예전과 많이 달라졌네!' 하고 변화를 확인시켜주었다.

글쓰기로 분해되고 해체된 담배중독

니코틴 중독은 사실 두려움, 분노, 슬픔 같은 감정과 과시, 도피, 그리고
무료함과 지루함 같은 부정적 정서가 뒤섞여 있는 정신의 습관 때문이었다.

─────────── 틱 장애는 금세 사라졌지만, 게으름이 사라
지는 데는 꽤 많은 시간이 필요했다. 지금 되돌아보면, '나'의 명상
하는 글쓰기를 통해 경험한 변화들은 대부분 건강과 관련된 것이
아닌가 생각된다.

앞에서도 여러 차례 이야기했지만, '내'가 명상을 시작한 계기
는 마음의 병 때문이었다. 마음의 병은 시간이 갈수록 깊어졌고
우울증이 심해져 위험한 생각을 하는 지경에 이르기까지 했다. 마
음의 병 탓인지 몸의 병도 점점 심해졌고, 없던 병들이 하나둘씩
생겨났다. 정기검진을 받을 때마다 의사들은 제일 먼저 담배부터

끊으라고 경고했다.

자꾸 늘어나는 이런저런 증상에 따라 자주 병원 치료를 받았다. 하지만 치료 효과가 없어서 병원과 한의원을 자주 옮겨 다녔다. 소문을 듣고 아주 멀리 떨어진 지역의 병원에 다니기도 했었다. 그러나 소용이 없었다. 더구나 많은 약이 소화불량을 유발해서 계속 복용할 수도 없었다. 수많은 병들을 몸에 지닌 채 살 수밖에 없었다.

몸의 병은 그렇다 치더라도 우울증만큼은 치유하고 싶었다. 명상이 나를 구원해줄 거라고 믿고 명상을 시작했지만, 명상을 한다고 해서 달라지지 않았다. 오히려 마음만 불편해질 뿐이었다.

그래도 명상을 멈추지 않고 지속했다. 변화는 한참 시간이 지난 후에, '나'라는 에고를 의식하는 단계에 이르러서 아주 조금씩 나타났다. 물론 그 변화는 시간이 꽤 지나고 나서 알게 된 것들이다. 대부분은 의도하지 않은 변화였다. 처음부터 변화를 의도하고 시작한 것은 금연이었다.

'나'는 담배를 도저히 어찌할 수 없는 불가항력적인 동반자라고 믿고 있었다. 마음속에 불안, 초조, 근심, 걱정, 울분, 화가 살아 숨 쉬고 있었기 때문이었다. 일이 걱정될 때나 두려울 때, 속상할 때, 화가 날 때, 후회할 때, 흡연은 즉각적으로 마음에 안정을 가져다주었다. 처음 보는 사람들과 함께 일을 시작해야 할 때 담배는 어색함을 해소해주는 윤활유 같은 역할을 했다. 마감까지 코앞에 두고 초를 다툴 때도 담배는 숨을 돌리는 틈새가 되어주었다.

많은 작가들이 그랬듯이, 글을 쓸 때도 담배를 놓아버릴 수 없었다. 글을 쓰다가 글이 안 써질 때 자동적으로 담배를 입에 물고 불을 붙였다. 담배연기를 깊이 들이마시고 내뿜다 보면 기분이 좋아졌다. 정해진 날짜까지 원고를 써야 하는 부담을 잠시 놓을 수 있었다. 또한 오로지 혼자서 글을 쓴다는 고독감 같은 것이 사라졌다. 긴 글을 쓸 때면 특히 담배를 많이 폈다. 원고를 완성하고 나면 재떨이가 담배꽁초로 수북하게 쌓여 있었다.

　　이래저래 담배 없이는 하루도 살 수 없다고 생각했다. 일이 안 풀리거나 화급을 다툴 때는 줄담배를 피웠고 술자리에서는 두 갑 이상을 태웠다. 그 바람에 늘 목이 아프고, 기침 가래를 달고 살았으며, 항상 목이 쉬어 있었고, 피로가 풀리지 않았다.

　　이런저런 병에 시달리느라 한계를 느낄 무렵, 담배를 끊어야겠다는 뚜렷한 의도가 내면에서 솟아올라왔다. 그때 마침 지인들이 함께 금연을 하자고 제안을 해왔다. 당장 그들과 함께 금연을 시작했다.

　　여럿이서 함께 금연을 하면서 서로가 감시하고 격려하다 보니 3일 정도는 어렵지 않게 금연을 할 수 있었다. 금연을 해보니 담배 없이도 살만 할 것 같았다. 금연 날짜가 일주일, 보름 지속되었다. 당장 숨쉬기가 편해졌고 아침에 잠자리에서 일어나기가 쉬워졌다.

　　하지만 곧 외부에서 시도 때도 없이 공격해오는 스트레스 앞에서 금연 의지는 유리창처럼 깨져버렸다. '나'뿐 아니라 동료들 역시 스트레스 때문에 보름을 버티지 못했다. 흡연을 했다 금연을 했다 반복했다. 무차별적으로 달려드는 신문방송과 인터넷 포털의 화나는 뉴스로부터 빡빡한 프로젝트 일정, 인간과의 갈등, 그리고 꽉 막혀 있는 도로상황까지, 우리들 주변은 스트레스 유발자들로 가득 차 있었다. 그것들이 담배에 불을 붙이게 만들었다. 스트레스가 있는 한 금연은 불가능한 것처럼 보였다.

명상이 깊어지고 글쓰기가 명상으로 연결되는 순간부터는 무의식적 흡연 충동을 알아차릴 수 있게 되었다. 글이 담배에 불을 붙이게 만드는 원인이었는데, 이번에는 글이 담배를 놓아버리는 알아차림의 도구가 되었다.

담배 충동을 하나씩 글로 써나가며 해체했다. 지속적으로 '나' 자신과 담배에 대해 바라보고 분석하고 해체해보니 담배를 끊지 못하는 이유는, 흔히 언론에서 의료인들이 말하는 니코틴의 중독성 때문이 아니었다. 니코틴 중독보다는 두려움, 분노, 슬픔 같은 감정과 과시, 도피, 그리고 무료함과 지루함 같은 여러 가지 부정적 정서가 복합적으로 뒤섞여 있는 정신의 습관 때문이었다. 니코틴 성분은 하나의 핑계였을 뿐이었다.

명상노트에 글을 쓰면서 감정을 하나씩 해체하고 하나씩 놓아버리기 시작했다. 하루하루 금연을 해나가면서 깨끗해진 몸과 마음을 이미지로 연상했다. 어지간한 외부의 자극에 담배를 피워 오염시키기에는 깨끗해진 몸과 마음이 아깝다는 생각이 들었다. 그래도 강력한 자극이 올 때는 어쩔 수 없이 담배를 피웠다. 하지만 흡연은 한두 번 정도로 멈췄고 지속하지는 못했다.

명상과 명상하는 글쓰기가 깊어질수록 외부의 자극에 비해 담배 충동이 작아졌다. 그리고 2002년 한일월드컵이라는 흥분의 도가니 속에서 완전한 금연에 들어갔다. 창의적 발상을 생명으로 여기는 주변의 크리에이터들은 '내'가 담배를 끊었기 때문에 곧 창의성을 잃게 될 것이라고 경고했다. 글을 써서 먹고사는 작가 동료들도 '나'에게 담배를 끊었으니 이제 더 이상 글을 못 쓰게 될 거라고 애교 섞인 경고를 했다.

그렇게 금연을 한 지 벌써 19년이 지났다. 그 사이 금연을 함께 시작했던 동료들은 모두 다시 담배를 입에 물었고 더욱 심한 골초가 되었다. 함께 금연을 시작했던 지인들 중에 지금까지 지속적으로 금연을 하고 있는 사람은 '나' 혼자 남게 되었다. 20년 가까이 금연을 해보니 담배와 창의성, 담배와 글쓰기는 아무 상관이 없었다. 오히려 창의성이 성장했고 글이 잘 써졌다.

다이어트, 식사시간은 명상 수행 시간

식사명상은 식사 전에 잠깐이라도 감사하는 시간을 갖는 것으로 시작한다.
음식들은 모두 생명을 가진 생명체였다는 사실을 되새겨본다.

―――――――― '나'의 식탐은 말릴 수 없는 것이었다. 먹을
거리를 탐하는 욕망은 수시로 밀물처럼 밀려왔는데, 도무지 막을
길이 없었다. 특히 회사에서 일을 많이 하거나 사업을 열정적으로
추진하고 나면 식탐은 극심해졌다. 스트레스를 많이 받았을 때도
식탐은 극에 달했다. 그럴 때면 사무실에서 몰래 빠져나와 혼자
포식을 하곤 했다. 저녁때 동료들과 맛집에서 맛있는 식사와 곁들
여 술을 마시게 되면 어김없이 폭식과 폭음으로 이어졌다. 그래서
였을 것이다. 언제나 과체중 상태였다.

'나'의 비만에는 집안 내력도 있는 듯했다. 가족들 모두 과식을

하는 편이었는데, 가족 모임이 있는 날에는 다들 빨리 많이 먹었다. 배가 남산만큼 부를 때까지 먹었다. 살이 잘 찌는 체질에다 맛있는 요리를 탐하는 습관 덕분인지 체중은 지속적으로 늘어났다. 아침은 대충 먹더라도 출근해서 점심과 저녁 모두 과식을 했다.

사회에 첫발을 내디딜 때는 74kg였던 체중이, 일에 경력이 많이 붙고 한창 일을 많이 한다 싶을 즈음에는 82~83kg로, 그리고 나중에는 90kg에 달했다. 키가 178cm이니, 거울 속의 '나'가 배가 나온 거인처럼 보이기도 했다. 무릎에 통증이 느껴진 것도 그때쯤이었다. 아직 한창 때로 그 나이에는 대부분 관절이 튼튼하게 마련인데, 계단을 오르는데 불편을 느꼈다.

그런 자신의 모습을 볼 때마다 속이 상하고 화가 났다. 당장 살을 빼야겠다고 굳게 마음을 먹었다. 살을 빼야 한다, 과식을 하지 않겠다, 이를 악물고 다짐을 했다. 당장 다이어트 식단표를 짜서 실천에 들어갔다. 동시에 피트니스클럽에 등록했다. 하지만 운동과 다이어트는 정말 힘든 일이었다. 독하게 다이어트를 해서 체중을 2~3kg 줄인다고 해도 곧 요요현상이 와서 모조리 수포로 돌아갔다. 음식을 통제한 만큼 더 많이 먹었다. 그 결과 2~3kg 뺀 후에 3~4kg 더 쪘다. 그러면 음식 앞에서 자제하지 못하는 자신에 대한 죄책감과 더불어 분노가 치밀었다.

이번에는 더욱 강력한 운동과 음식 통제에 들어갔다. 가학적인 통제였다. 하지만 그만큼 요요현상은 더욱 더 강력해졌다.

다이어트란 도무지 이길 수 없는 게임 같았다. 그런데도 계속 이길 수 있다고, 이겨야 한다고 달려들었다. 누구나 실패하는 방법들을 거의 다 동원했던 것 같다. 실패할 때마다 자신을 비난하고 학대했다. 나중에 알고 보니 살을 빼야 한다며 혹독하게 음식을 먹지 못하게 막는 것도 에고였고, 음식에 미친 듯이 달려드는 것도 에고였다. 웃기고도 슬프고 모순 덩어리 그 자체였다. 문제는 그런 코미디를 연출하는 에고의 이중성, 삼중성, 사중성이었다. 그것도 모른 채 음식을 못 먹게 자신을 괴롭히고, 또 음식으로 자신을 위로하고, 다시 책임을 물었다.

도저히 어찌할 수 없었던 체중의 문제는, 명상에 들면서, 또 명상하는 글쓰기를 하면서 달라지기 시작했다. 무엇보다 먼저, 살을 빼야 한다고 자신을 야멸차게 몰아붙이는 에고를 알아차리면서 스스로에 대한 비난을 거두어들였다. 과식을 하고 몸무게가 늘어난다 해도 일단 자신을 비난하지 않았다. 과식을 하는 것도 에고였고, 비난하는 것도 에고였기 때문이었다. 체중이 많이 늘어나도 자학하지 않으려고 마음을 챙겼다.

하지만 맛있는 음식을 보고 달려드는 에고는 알아차린다 해도 막무가내였다. 음식 앞에서 흥분한 에고는 일단 먹어치우고 봤다. 음식의 맛을 느끼기도 전에 급하게 모조리 삼켜버렸다. 에고의 행동이 얼마나 빠른지, 알아차리면 이미 과식을 한 후였다. 그런 에고를 그저 바라볼 수밖에 없었다.

변화는 에고를 연민의 눈으로 바라보면서 시작되었다. 에고를 연민의 눈으로 바라보자 계속 불어나던 체중 증가가 멈추고 조금씩 내려오기 시작했다. 그렇다고 체중이 예전처럼 줄어든 것은 아니었다. 여전히 비만이었다.

체중을 획기적으로 감량하게 된 것은 식사를 명상으로 받아들이고 하는 수행 덕분이었다. 식사명상은 다이어트에 큰 도움이 되었다.

식사명상은 식사 전에 잠깐이라도 감사하는 시간을 갖는 것으로 시작한다. 그리고 잠시 음식들을 하나씩 살펴본다. 식탁 위에 올라온 음식들은 모두 생명을 가진 생명체였다는 사실을 되새겨본다. 잠깐이라도 감사의 마음에 미안한 감정도 올라온다. 이제 음식을 입에 넣고 음식 각각의 맛을 느끼면서 씹는다. 입속에서 음식물들이 움직이고 섞이면서 조화롭게 내주는 맛을 느끼면서 천천히 먹기 시작한다. 그러다 보면 식탐으로 식사를 할 때와는 전혀 다른 식사를 하게 된다. 맛을 느낄 새도 없이 무조건 먹어치우지 않게 된다. 음식물 고유의 맛을 느낄 수 있고, 배가 불러오는 것도 느낄 수 있다.

식사명상을 수행하면서 체중이 줄어들기 시작했다. 언제 그랬을까 싶게 살이 빠졌고 10kg 이상 감량이 되었다. 나중에는 너무 많이 빠져서 주위 사람들이 걱정할 정도로 감량이 되었다. 체중감량이 오히려 주변 사람들을 불편하게 하는 것 같아서 식사량을 조금씩 늘려 체중을 조절했다.

식사명상 수행에는 에고가 들어올 틈이 크지 않았다. 물론 에고는 기회를 노리고 있다가 기습적으로 치고 들어오곤 했다. 모임이나 만남 등으로 과식을 하는 경우도 적지 않았다. 하지만 그렇다 해도 에고에 대해 화를 내지 않았다. 나는 인간이며 내 안에는 에고가 들썩거린다는 것을 알고 있기 때문이다.

알코올 중독 치유 12단계와 글쓰기

'나'를 검토하는 과정은 명상하는 글쓰기와 다르지 않았다.
형식에 얽매이지 않는 명상하는 글쓰기에 비해, 4단계는 빠짐없이 에고를
검토해야 했기 때문에 훨씬 강렬했다. 에고가 어찌할 바를 몰라 했다.

———————————— 우리나라는 술에 대해 상당히 관대해서 알
코올 중독을 굳이 병이라고까지 생각하지 않는 분위기다. 사회생
활을 하려면 술을 마실 필요가 있다고 부추기기까지 한다. 우리는
공식적으로 술이 허락되는 나이가 되는 순간, 혹은 그 이전부터
술과 가까워진다. 특히 졸업이나 입학, 입사, 그리고 성인으로서
각종 모임을 시작하면서 자연스럽게 술과 마주하게 된다.

우리나라 사람들의 급한 성격 탓에 초고속으로 마음을 터놓고
친해지려는 의도 때문일까? 관계가 있는 자리에는 거의 술이 빠지
지 않는다. 실제로도 술은 어색한 자리를 화기애애하게 바꿔주고,

서먹서먹한 만남을 친근하게 만들어준다. 특히, 비즈니스를 위한 만남, 모임, 관계라면 어김없이 술이 따르게 마련이다.

만남이나 모임, 인간관계가 아니라고 해도 술은 일상적인 생활문화로 정착되어 많은 사람들이 혼자서도 술을 즐긴다. 혼자서 술을 즐기는 혼술 장면을 영상으로 보여주는 혼술러들은 유튜브에서 구독자를 끌어 모으는 인기스타가 되기도 한다. 그래서일 것이다. 많은 애주가들이 자신이 알코올 중독인지 모르는 채 술을 마시는 경우가 허다하다.

'나'의 경우, 대학에 들어가면서 강렬하게 술과 마주했었다. 술자리에서 선배들의 권유와 강요 그리고 '나'의 호기심으로 따라주는 대로 술잔을 계속 비웠고, 그러다 정신을 잃고 완전히 뻗는 경우도 있었다. 그래도 그렇게 선배, 동료들과 인사불성이 될 정도로 어울려 취한 후에는, 마치 전쟁터에서 전투를 치른 전우들처럼 모두들 허물없는 사이가 되어 있었다. 그때 술은 마법과도 같은 것이었다.

사회생활을 시작하고는 술이 일상화되었다. 신입사원 환영을 시작으로 정기적인 부서회식, 비정기적인 회식이 연속적으로 줄지어 기다리고 있었다. 그리고 일의 과정 속에 문제와 갈등, 극복과 성취를 따라 술이 달려들었다. 조직문화에서 술은 일이 잘 돌아가게 만드는 자극제였다. 일을 하면서 트러블을 겪는 동료라고 해도, 1차, 2차, 3차를 달리면서 마음속 이야기를 털어놓고 어울리다 보면 적대적인 관계도 우호적으로 바뀌었다. 아웃소싱으로 마찰을 겪는 경우에도 술자리는 매끄러운 윤활제가 되어주었다. 그런 식으로 술이 계속되자, 술은 습관이 되고 어느새 중독의 수준을 넘어섰다.

그렇다고 누구나 '나'처럼 알코올 중독의 경계를 넘는 것은 아니었다. 술로 인해 실수를 하거나, 몸이 아프거나, 라이프 사이클이 깨지는 경험을 한 사람들은 술과 일정한 거리를 두었다. 어쩔 수 없이 술자리에 참석한다 해도 잔을 비우지 않고 자제를 했고 1차로 끝을 냈다. 하지만 '나'와 술친구들은 그렇지 못했다. 술 때문에 실수를 하거나, 다치고 병이 나거나, 지각·결석을 한다 해도, 계속 술을 마셨다.

나중에 알았지만, 알코올 중독 치료 전문가들은 '나'와 술친구들을 'X-인자의 소유자'라고 지칭했다. 술로 고통을 겪는다 해도 술을 끊지 못하는 인자를 보유했다는 것이다. '나'는 분명히 X-인자의 소유자였다. 아버지도 X-인자의 소유자였으며, 어머니 쪽 외삼촌들도 모두 X-인자의 소유자였다.

그래서였을 것이다. 시간이 지나서는 특별한 일이 없어도, 퇴근 무렵이 되면, 비슷한 술꾼 동료들을 찾았고, 뜻이 맞는 술 동료가 없으면 가까운 곳에서 혹은 멀리서 술친구를 찾았다. 일주일에 2번 정도 완전히 취해서 귀가했으며, 나머지 3-4번도 술에 취해서 들어갔다. 주말에 결혼식이나 사적인 모임에 참가할 일이 있는 경우에도 어김없이 취했다.

그렇게 노상 술을 마셨으니 결국에는 소위 필름이 끊기는 블랙

아웃 상태가 자주 일어났다. 하지만 알코올 중독이라는 생각은 조금도 들지 않았다. 유능한 직장인이자 건전한 사회인으로서 일을 위해 또 관계를 위해 술을 마시는 거라고 생각했다. 그러면서 술친구들을 진정한 친구라고 믿었다. 가끔씩 혹시 알코올 중독이 아닌가 의심을 하기도 했지만, 주변의 동료들 모두 '나'와 다르지 않았기 때문에 무시하고 넘어갈 수 있었다.

한참 후에 명상을 하면서 알게 되었지만, 에고는 알코올에 관한 한 자신을 속이는데 탁월한 능력을 갖고 있었다. 술을 자주 마시기는 했지만 음주문화를 즐기는 거라고, 필요하면 언제든지 끊을 수 있다고. 그렇게 자신을 속일 정도니 가족들도 완벽하게 속아 넘어갔다.

해가 지기 시작하면 술을 찾았고, 거의 매일 술을 마시면서도 문제가 없다고 자신했다. 그러다 몸 곳곳에서 불길한 증상이 나타나기 시작했다. 병원에서 술을 문제로 지적하면서부터 알코올 중독일지 모른다는 의심이 들기 시작했다. 그러나 두려움 때문에 또 술을 마셨다. 비슷한 질환이 나타나기 시작한 술친구들과 함께 떠들고 마셔야 안심이 되었다.

술로부터 벗어나야겠다고 처음 느낀 것은 생활 속에서 명상이 자리를 잡을 즈음이었다. 그러나 알코올 중독이 얼마나 심했던지 명상은 그다지 힘을 발휘하지 못했다. 단주를 한다고 해도 일주일을 넘기기 어려웠다. 술을 마시고 후회하고 명상하고 하는 과정을 되풀이하면서도 결국 갈 때까지 갔던 것 같다.

술 때문에 중상을 입고 수십 바늘을 꿰매는 사고를 당한 후에야 치료를 위해 어쩔 수 없이 술을 끊어야 하는 상황이 발생했다. 그때 공교롭게도 술로 가까워진 술친구들 때문에 안 좋은 일들을 겪어야 했는데, 술친구들은 결코 친구가 아니라는 사실을 처음으로 자각하게 되었다. 치료를 받으면서 비로소 술이 없어도 생활을 할 수 있다는 것을 알게 되었다. 치료를 위해 금주를 하는 사이 몇몇 고질병들의 증상이 완화되기 시작했다.

치료를 받으면서 선각자들의 글을 읽고 있었는데, 몇몇 선각자들이 알코올 중독 치유를 위한 12단계 영적 모임AA, Alcoholic Anonymous에 대해 언급했다. 데이비드 호킨스 박사는 12단계 영적 모임의 의식 수준이 대단히 높아서 그 높은 의식의 에너지 장에 함께 할 때 알코올 중독이 치유될 수 있으며 또한 깨달음의 경지에도 도달할 수 있다고 했다. 우리나라에도 12단계 영적 모임이 있는지 수소문을 해서 알아보기 시작했다.

국내에도 12단계 영적 모임이 있었다. 그런데 알아본 바로는 대부분 병원-정신병원에서 주도하고 있었다. 어떤 병원에서는 입원치료를 해야 한다고 안내했다. 계속 일을 해야 하는 데다 정신병원이라는 타이틀과 입원치료가 부담이 되었다. 결국 혼자서 책을 통해 12단계를 수행해보기로 했다. 알코올 중독 치유와 관련된 많은 책이 있었는데, 다행히 워크북 형태의 『12단계 해설서』(하나의학사)라는 좋은 책을 구할 수 있었다.

우리는 알코올에 무력했으며, 스스로 생활을 처리할 수 없게 되었다는 것을 깨닫고 시인했다.

이 책의 첫 페이지 첫 번째 문장부터 마음을 흔들었다. 12단계는 단순히 알코올 중독을 치유하기 위한 안내서일 뿐 아니라 영적 깨달음으로 인도하는 영적 안내서라는 강렬한 느낌을 받았다.

우리는 알코올에 무력했음을 시인했다…

'나 홀로 12단계 수행'을 모두 마친 후에 알게 되었는데, 시작을 알리는 이 문장에 중독 치유의 모든 것이 달려 있었다. 알코올 중독자는 자신이 중독자라고 결코 시인하지 않고, 스스로 술을 조절할 수 있다고 확신하기 때문에 알코올 중독자였던 것이다.

스스로 알코올 중독자임을 시인하려고 하자 에고가 쩔쩔매는 것을 느낄 수 있었다. 그러나 시인을 하는 과정은 그리 쉽지가 않았다. 1단계에서 한참동안 머물러 있어야 했다. '술은 언제든지 끊을 수 있다'고 장담하는 에고의 확신과 달리, 에고와의 동일시를 끊지 않는다면 결코 중독을 치유할 수 없음을 알게 되기까지 길고 긴 갈등이 있었다.

1단계에서 12단계까지 12단계 과정은 어쩌면 알코올 중독 치유가 아니라 '진정한 나'를 찾아 떠나는 진정한 여행인 것 같았다. 2단계에서는 '신'이라는 단어에 대한 거부감을 내려놓고 '위대한 힘'을 받아들일 수 있었고, 신을 받아들이자 3단계에서 '나'를 신에게 맡기겠다고 마음을 열 수 있었다. '나'는 오랫동안 무신론자였다. 신이라는 말에 강한 거부감을 느끼고 있었다. 하지만 12단계 수행을 통해 신이라는 개념을 받아들일 수 있게 되었다.

4단계는 지금까지 '내' 행세를 해온 '나'라는 에고와 정면으로 마주치는 시간이었다. 또한 자기 자신에 대해 많은 것들을 글로 써야 하는, 4단계의 '나'를 검토하는 과정은 명상하는 글쓰기와 다르지 않았다. 다만 형식에 얽매이지 않는 명상하는 글쓰기에 비해, 빠짐없이 에고를 검토해야 하기 때문에 훨씬 강렬해서 에고가 어찌할 바를 몰라 했다. 12단계는 원래 집단을 이루어 알코올 중독에 대해 토로하는 과정인데, 혼자서 하는 12단계 수행이라 자신의 이야기를 들어줄 사람이 없었기 때문에 주로 신에게 이야기했다.

솔직하고 정확하게 우리가 잘못했던 점을 신과 자신에게 또 어느 한 사람에게 시인했다.
신이 이 모든 성격적 결함을 제거하도록 할 준비가 완전히 되었다.
우리의 결점을 제거하기 위해 신에게 겸손하게 요청한다.

5단계, 6단계, 7단계를 거치는 과정에서는 예수의 가르침대로 신은 내 안에도 있다는 것을 느낄 수 있었다. 신은 혼자서 하는 '나'의 알코올 중독 이야기에 대해 친절하게 응답해주었다. 응답은 주로 영감으로 이루어졌다. 그 느낌은 글을 쓸 때 떠오르는 영감과 비슷했다.

영감을 적느라 '12단계 해설서'는 여백이 메모로 가득 차게 되었다. 7단계를 마치기까지 연민을 넘어 자신에 대한 용서의 계단을 오르면서 꽤 많은 눈물을 흘렸던 것 같다. 타인에 대한 용서를 구하는 8단계, 9단계를 거쳐 자신을 점검하는 10단계를 지나 11단계에 이르자 알코올 중독 치유는 명상의 단계로 합쳐졌다.

기도와 명상을 통해서 우리가 이해하게 된 대로의 신과 의식적인 접촉을 증진하려고 노력했다. 그리고 우리를 위한 그의 뜻만 알도록 해주시며, 그것을 이해할 수 있는 힘을 주시도록 간청했다.

12단계 수행은 단지 알코올 중독을 치유하기 위한 과정이 아니라, 어떤 명상 프로그램보다 훌륭한 명상수행 프로그램 그 자체였다. 한번으로는 안 될 것 같아 12단계 프로그램을 여러 차례 다시 시작하며 몇 번을 돌았다.

처음 12단계 수행을 마치면서 제일 먼저 시작한 것은 술친구들을 모두 끊는 일이었다. 술친구들은 진정한 친구가 아니어서 그랬을까? 많은 시간을 나누었는데도 불구하고 생각보다 어렵지 않았다. 오랜 시간 우정을 나눠온 대학 친구들 모임 한두 개를 남겨놓고 술자리를 유발할 수 있는 모임도 모두 끊었다. 술친구들과의 관계를 끊고 또 술자리를 유발하는 모임을 끊자, 오후 시간만 되면 쉬지 않고 울리던 문자 메시지와 유별난 메신저 알림음이 사라졌다.

그리고 변화가 시작되었다. 일주일에 한두 번은 정신을 잃을 정도로 완전히 취하고 두세 번은 술에 취해 살던 파괴적 삶이 멈추고 정상으로 돌아왔다. 더 이상 만취해서 헛소리를 하지 않았고, 비틀거리며 길을 걸으면서 실수를 하지 않았고, 블랙아웃 상태를 겪지 않았고 다치지도 않았다. 무엇보다도 시간이 많아졌다. 시간의 여유가 생겨서 쫓기듯 일을 하지 않아도 되었다. 건강도 몰라보게 좋아졌다.

그러나 알코올 중독은 칼로 딱 끊어지듯이 치유되는 것이 아니었다. 예전과는 완전히 달라졌다고 하지만 술로부터 완전한 자유를 누리는 것은 아니었다. 겨우 X-인자와 거리를 두는 사람이 되었다고 할까? 그 틈을 노리는 에고는 언제든지 반격을 준비하고 있기 때문이다.

나는 술을 끊은 것이 아닙니다. 단지 오늘 지금 현재 안 마시고 있을 뿐입니다.

'나' 역시 알코올 중독을 치유한 사람들이 하는 말과 같은 말을 하고 있다. 치유는 현재 진행형일 뿐이기 때문이다.

불면증 치유, 에고와의 동일시 끊기

에고는 자신이 잠을 잔다는 사실도 알지 못했다. 겨우 잠에서 깨어나고서야
잤다는 사실을 확인하는 엉터리 같은 녀석이었다.

──────────── '명상, 명상하는 글쓰기'와 더불어 일어난
변화 가운데 '불면증의 치유'에 대해 언급하지 않을 수 없다. 기존
의 고정관념으로는 경험할 수 없는 놀라운 변화였기 때문이다. 깊
은 명상에 든 이후로 두통, 치통, 안구 실핏줄 파열 같은 잦은 질환
들이 치유되기 시작했는데, 전혀 기대하지 않았던 불면증도 치유
되었다. 불면증은 많은 사람들이 고통을 호소하는 불치의 병이라
고 하지만, 명상을 통해 불치의 병을 치유했다는 증언과 연구결과
가 끝이 없을 정도로 계속해서 나오고 있으니 기적은 아니리라.

최근에 접한 명상에 대한 연구결과 역시 그렇다. 카네기멜론대

학교 데이비드 크레스웰David Creswell 교수는, 단 3일간의 명상으로도 뇌에 변화가 생기고 염증 수치가 낮아질 뿐 아니라, 당뇨, 관절염, 암 등과 관련된 각종 수치가 저하된다는 연구결과를 발표했다. 명상의 효과는 분명하고도 명확하다. 하지만 그렇다고 해도 명상만으로 병이 기적처럼 낫는다고 말할 수는 없을 것 같다. '나' 스스로 여러 질병으로부터 벗어날 수 있었지만, 여전히 진행 중인 것들도 분명히 있기 때문이다.

나의 불면증은 오래된 데다 점점 악화되기만 했었다. 코로나 바이러스 확산 이후 불면증 환자가 급증하고 있다는 조사결과를 굳이 거론하지 않아도, 가족이나 친지, 친구 등 우리 주변에서 불면증 환자는 얼마든지 볼 수 있을 정도로 흔한 병으로 가볍게 생각하기도 한다. 하지만 전문 의료인들은 거의 모든 병이 잠을 제대로 못자는 불면증에서 시작된다고, 그 심각성을 강조하고 또 경고하고 있다. 불면증이 뇌경색·뇌출혈, 파킨슨병, 치매, 고혈압, 협심증, 심장병, 우울증, 자살의 원인이라고 강조할 정도다.

'내'가 불면증을 앓기 시작한 것은 직장생활을 한 지 7년쯤 됐을 때였다. 회사의 중간 간부로 책임감이 늘어날 때쯤이었다. 불면증은 예고도 없이 느닷없이 기습적으로 침입해 들어왔다. 처음에는 '잠이 잘 오지 않네' 정도였는데 시간이 갈수록 점점 심해졌다. 밤 12시쯤 잠이 와서 잠을 자려고 침대에 누우면 잠이 오지 않았다. 일어나면 잠이 왔는데, 누우면 거짓말처럼 잠이 달아났다. 잠을 못 이루고 이 생각 저 생각에 휩쓸려 다니며 겨우 잠이 들었는데, 나중에는 잠을 자는 것 자체가 두려워지기 시작했다.

불면증이 심해지자 잠을 자는 시간은 점점 줄어들었다. 잠을 못 이루고 뒤척거리다 보면 어느새 새벽 4시가 넘어섰고 5시가 되었다. 출근을 위해 일어날 시간이 다 되도록 잠을 못 이루는 것이었다.

그러니 회사에 출근해서도 하루 종일 피곤했다. 오전 일을 서둘러 마친 후 사우나에서 퇴근할 때까지 잠을 자는 날이 있을 정도였다. 병원에서 약물 처방을 받았지만, 위장 장애로 치료를 지속할 수도 없었다. 불면증을 어떻게 할 수가 없게 되었다. 결국은 포기한 상태가 되었다.

1인 기업으로 사업을 시작하고 나서는 미래가 불확실한 탓인지 불면증은 더욱 심해졌다. 오전 미팅이 있는 날은 잠을 한숨도 못자고 출근했다가 낮에 잠깐 쪽잠을 자면서 버텼다. 어떻게 해서든지 오후에 약속을 잡았다.

불치의 병이라고 포기했었는데, 명상이 깊어지고, 명상하는 글쓰기를 지속하면서 불면증이 어느 날 슬그머니 사라져버렸다. 거짓말처럼 사라졌다. 되돌아보면 명상과 명상하는 글쓰기의 '에고와 동일시 끊어버리기' 효과가 아닐까 추론하고 있다. 내면을 차분히 바라보며 에고를 '진짜 나'와 동일시를 끊고 분리시키면서 많은 것이 달라졌는데, 잠자리에서도 그랬다.

에고와 동일시를 끊어버리자, 온갖 잡생각들을 잡고 생각에서 생각으로 줄타기를 하는 에고가 힘을 잃어버렸다. 에고를 잃어버린 생각들은 어쩔 수 없이 강물처럼 그냥 흘러가버렸다. 그러자 에고는 당장 해결해야 하는 문제나 아픈 과거의 기억을 들고 생각 속으로 끌어들이려 했다. 하지만 알아차리면 바로 멈출 수 있었다.

또 에고가 생각을 움켜쥐고 유혹하는구나.

에고는 '진짜 나'가 아니라는 것을 알기에 무시해버리면 간단했다. 그러면 영리한 에고는 어떻게 해서든지 고민을 해야 하는 것들을 들고 나타났다. 불면증으로 자신을 아프게 만들면 결국 자신을 죽이는 행위일 텐데 에고가 왜 그러는지는 알 수 없는 일이었다.

에고가 숙주를 죽이고 자신마저 죽이고 마는 세균이나 바이러스 같다는 생각이 들 때도 있다. 하지만 더 이상 에고의 그런 술수에 넘어가지 않을 수 있게 되었다. 잠자리에 들기 전에 명상하는 글쓰기를 하면서 에고와 선을 확실하게 그어두면 훨씬 수월했다. 아무리 심각한 문제라고 해도 에고를 밀쳐버렸다.

오버하지 마. 그 문제는 내일 아침에 생각할 거야.

이렇게 에고에게 말해주곤 신경을 꺼버렸다. 그러면 '나'라는 에고도 모르는 사이에 잠이 들었다. 에고는 자신이 잠을 잔다는 사실도 몰랐다. 겨우 잠에서 깨어나고서야 잤다는 사실을 확인하는 엉터리 같은 녀석이었다.

불면증의 치유를 통해서 알고 보니 에고는 자신이 잠을 자는지 안 자는지도 모르는 허깨비 같은 존재였다. 에고가 생각에 휩싸이게 만들려고 제기해 오는 문제라는 것이 아무리 심각하다 해도 굳이 잠자리에 누워서 고민할 필요가 없는 것이었다. 그래봤자 답도 없었고 소용도 없었다. 오히려 잠을 잘 잘수록 저절로 풀리는 경우가 많았다. 어떻게 그럴 수 있을까? 이 문제에 대해서는 에필로그에서 논하고자 한다.

　참고로. 불면증의 치유는 병원 치료를 전혀 받지 않고 치유된 결과다. 그렇다고 해도 완전한 치료란 있을 수 없다는 생각이다. 나는 에고를 가진 인간이며 '나' 에고가 사상 초유의 강력한 문제를 들고 나온다면 언제든지 불면증이 유발될 수 있기 때문이다. 독자 중에 질병으로 인해 고통을 받고 있다면, 전문의 치료를 받으면서 명상과 명상하는 글쓰기를 해보라고 권유하고 싶다.

'나'를 쓰지 않는 글쓰기는 명상이 된다

이제 글을 마칠 때가 됐다. 여기까지 함께 해온 독자들께 감사드리며, 여기 끄트머리에서 명상하는 글쓰기의 두 가지 언어적 방법을 추가로 알려드리는 것이 좋을 것 같다. 명상은 결국 '나'와 '나'의 것들이 진정한 나가 아님을 알아차리고, 그것들로부터 한발 떨어져 나와서 자신이 경험의 목격자, 경험자, 관찰자로 작용하고 있다는 사실을 발견하는 것이다.[1]

　다시 말해 '나'의 것들과 동일시를 끊는 것이다. 하지만 에고는 이 몸도 '나'의 것이고 이 마음도 '나'의 것이라고 악착같이 동일

1　데이비드 호킨스, 『나의 눈』, 한문화, 139쪽

시하고 있는데 그것이 과연 가능할까? 평범한 사람의 생각이나 논리, 의지만으로는 불가능한 일이다. 하지만, 적어도 명상하는 글을 쓰는 순간만큼은 가능하다. 두 가지 언어적 방법을 기억하고 있으면 크게 도움이 된다.

첫 번째는 '나'와 '나의 것들' 사이에, '~에 대해서' '~에 대한'이라는 구절을 끼워 넣는 것이다. 우리는 무의식적으로 '나의 것' 혹은 '내 것'이라는 말을 남발하며 산다. '나의 몸' '나의 마음' '나의 생각' '나의 사랑' '나의 사람' '나의 아들, 딸' '나의 아파트' '나의 친구' '나의 강아지' '나의 고양이' '나의 장미꽃'. '나' 가까이 있는 모든 것들에 '나의'를 갖다 붙인다. 그리고 애착을 하고 집착을 한다. 명상하는 글쓰기를 할 때는 '나의 ~ 것들'이라고 하지 않고 '나의 ~에 대해서' '나의 ~에 대한'이라고 지칭한다.

"왜 내 말을 믿지 않는가?"라고 글을 쓰지 않고, "왜 나의 말에 대해 믿지 않는가?"라고 쓴다. "내 남편은 성격이 급해"라고 글을 쓰지 않고, "내 남편에 대해 생각해보면 성격이 급한 편이다"라고 쓴다. "너를 영원히 사랑해"라고 글을 쓰지 않고 "너에 대해 영원히 사랑해"라고 쓴다. '너' 다음에 '~에 대해'가 끼어들면 '영원히'라는 수식어의 자리가 약해진다. "나의 강아지가 죽으면 나는 슬퍼서 살 수 없을 것 같아"라고 글을 쓰지 않고 "'내' 강아지에 대해 생각하면… 늙어서 곧 죽을까봐 걱정이 돼"라고 쓴다. '내'가 애착을 갖고 집착을 하는 '나의' 것들에 대해 '나의 ~에 대해서' '나의 ~에 대한'이라고 글을 쓰게 되면 작은 틈이 생긴다. 그 틈은

에필로그

아주 작지만, 반복될수록 '나'와 '것'들 사이의 틈이 점점 벌어지기 시작한다. 그리고 점차 집착하는 감정도 조금씩 누그러들려고 할 것이다. '~에 대해' '~에 대한'이 '나의' 것들을 의도적으로 객체로 만들기 때문이다.

'~에 대해서' '~에 대한'이라는 표현을 많이 사용하게 되면 의식적으로 에고로부터 한발 떨어져 나오기 시작하고, 의식의 공간이 넓어지기 시작한다. 하지만 주의할 일이 있다. 글을 잘 쓴다는 소리를 듣고 싶다면, 누구가에게 글로 자신의 지식이나 경험을 보여주고자 할 때는 '~에 대해서' '~에 대한'을 연발해서는 곤란하다. 어색하고 거칠고 엉성한 글이 될 수 있기 때문이다. 또 '~에 대해서' '~에 대한'이 반복되는 문장은 흡입력과 가독성을 떨어뜨린다. 가능하면 이러한 표현은 내부세계에서 '나'라는 에고를 들여다보는 명상하는 글쓰기에 한해서 사용할 필요가 있다.

명상하는 글쓰기의 두 번째 언어적 방법은 '나'라는 말을 아예 사용하지 않는 것이다. 두 번째 방법은 첫 번째 방법이 익숙한 이후에 사용하면 좋다. 명상하는 글쓰기에서 '나'라는 단어를 아예 사용하지 않고 없애버리는 것이다. '나'라는 주체가 없으니 글이 좀 이상해지고, 따라서 글이 잘 써지지 않을 수도 있다. 좀 이상하더라도 '나' 없이 글을 쓴다. '나'가 없어서 도무지 글이 안 된다면, 이 책의 본문에서 언급한 대로 '나'를 3인칭으로 '그', 혹은 '그녀'라고 지칭해도 좋다. 글에서 '나'라고 하는 에고가 사라지거나 축소되면 에고가 집착하기 좋아하는 잡념들이 설 자리를 잃게 된다.

명상하는 글쓰기에서 '나'라는 말을 사용하지 않게 되면 의외로 변화가 빨라질 수 있다. '나'라고 하는 자아를 보호하는데 관심을 기울이는 사람은 외적인 조건이 위협적이 될 때 쉽사리 좌절하며 정신적 공황으로 인해 해야 할 것을 하지 못한다. **2**

하지만 에고가 축소되면 자신이 처한 상황에서 새로운 기회를 찾을 수 있다. 에고가 작아진 만큼 외부의 위협적인 조건을 받아들이고 변화할 수 있는 내면의 공간이 커지기 때문이다. 에고가 집착하기 좋아하는 생각들에 빠져서 문제를 푸느라 불면증에 시달리지 않아도 된다.

과학자들은 우주에 존재하는 모든 것은 진동한다고 한다. 사람도, 책도, 노트도, 바위도, 우리 몸도, 몸을 구성하는 세포도, 생각도, 말도, 글도, 글자도 모두 진동한다고 한다. 그러니 한 생각이 떠오르면서 진동을 하면 그 생각은 진동을 하기 때문에 마음속에 꼭꼭 숨기려 해도 숨길 수 없을 것이다. 생각이라는 진동은 신경계를 타고 얼굴 표정과 몸짓으로 드러날 수밖에 없을 테니까. 예민한 사람이 아니어도 느낌만으로 상대의 숨겨놓은 생각을 알아차릴 때가 있다. 만일 화나는 생각이 진동하면서 말이 되어 나오면 파장은 커진다.

그런데 명상하는 글쓰기에 몰입하여 '나'라는 단어를 사용하지

---

2 미하이 칙센트미하이, 『몰입』, 한울림, 177쪽

않는다면, '나'가 사라졌기 때문에 수치심이나 죄책감, 비탄, 두려움, 분노, 자존심처럼 에고가 좋아하는 생각들이 한 곳에 머물지 못하고 흘러가버린다. 흘러가는 생각을 붙드는 대신, 그것들과 반대로 좋은 생각을 노트에 글로 써놓는다면 어떤 일이 벌어질까? 생각은 잠시 진동하면서 머물다 사라지지만 글은 사라지지 않는다. 글의 진동은 노트에서만 일어나지 않는다. 의식의 장에서 진동하면서 진동하는 모든 것들과 공명하며 계속 퍼져나갈 것이다. 가족, 반려동물, 화초, 식품, 노트북, 핸드폰 그리고 우호적인 것들, 적대적인 것들 누구에게나 전달될 것이다.

선각자들은 우리가 믿을 수 없는 마음이나 허상에 불과한 에고보다 훨씬 거대한 존재라고 말하곤 한다. 또 우리는 실제로 의식의 장에 존재하며, 다른 모든 것들과 강력하게 연결되어 다른 모든 것들과 영향을 주고받고 있다고 한다. 마주하거나 말하지 않고도 서로가 서로에게 영향을 주고받는다는 것이다. 그래서일 것이다. 생각만으로 설정한 적에게 반격할 궁리를 하지 않고, 명상하는 글쓰기를 통해 연민, 이해, 자발심, 받아들임, 평화처럼 빠르게 진동하는 같은 것들을 글로 써놓는다면, 그렇게 잠을 잘 자고 하루를 시작한다면, 이미 변화는 시작되었을 것이다.

생각은 진동하다 순식간에 사라져버린다. 말 역시 진동하며 주로 파문만 일으키고 곧 사라져버린다. 하지만 글은 진동하며 계속 존재한다. 계속 진동을 하면서 변화를 끌어당긴다. 명상하는 글쓰

기를 하면서 '나'와 '나의 것들' 사이에 '~에 대해서' '~에 대한'이
라는 구절을 끼워 넣는다면, '나'라는 말을 아예 사용하지 않는다
면, 소소한 것들부터 먼저 공명하고 변화가 시작될 것이다.

■ **독자 여러분의 소중한 원고를 기다립니다** ───────────────────

메이트북스는 독자 여러분의 소중한 원고를 기다리고 있습니다. 집필을 끝냈거나 집필중인 원고가 있
으신 분은 khg0109@hanmail.net으로 원고의 간단한 기획의도와 개요, 연락처 등과 함께 보내주시
면 최대한 빨리 검토한 후에 연락드리겠습니다. 머뭇거리지 마시고 언제라도 메이트북스의 문을 두드
리시면 반갑게 맞이하겠습니다.

■ **메이트북스 SNS는 보물창고입니다** ────────────────────────

메이트북스 유튜브 bit.ly/2qXrcUb

활발하게 업로드되는 저자의 인터뷰, 책 소개 동영상을 통해 책
에서는 접할 수 없었던 입체적인 정보들을 경험하실 수 있습니다.

메이트북스 블로그 blog.naver.com/1n1media

1분 전문가 칼럼, 화제의 책, 화제의 동영상 등 독자 여러분을 위
해 다양한 콘텐츠를 매일 올리고 있습니다.

메이트북스 네이버 포스트 post.naver.com/1n1media

도서 내용을 재구성해 만든 블로그형, 카드뉴스형 포스트를 통해
유익하고 통찰력 있는 정보들을 경험하실 수 있습니다.

STEP 1. 네이버 검색창 옆의 카메라 모양 아이콘을 누르세요.　 STEP 2. 스마트렌즈를 통해 각 QR코드를 스캔하시면 됩니다.
STEP 3. 팝업창을 누르시면 메이트북스의 SNS가 나옵니다.